「ヘルプマン！」に学ぶ 介護過程

アセスメントから個別介護計画立案まで

八木裕子 著

中央法規

はじめに

　「介護過程」という言葉が、介護福祉士の養成カリキュラムに登場したのが 2007（平成 19）年ですので、もう 14 年の歳月が経とうとしています。介護過程の教育方法に関する論文や文献が多く出ているように、介護を学ぶ学生に対して、具体的に、そしてリアルに介護過程の展開方法を教えるにはどうしたらよいのか、多くの先生たちが悩んでいるのではないかと思います。

　私は、以前から介護福祉士養成施設の学生に「個別援助計画（個別介護計画）」の作成を教えていたのですが、これまで行ってきたものを、新たに「介護過程」という枠に当てはめながら教えることに対して、苦労したことを記憶しています。

　日本介護福祉士会では、「介護福祉士の専門性」について、「介護過程の展開による根拠に基づいた介護実践」と定義しています。利用者の自立に向けた介護過程を展開し、根拠に基づいた質の高い介護を実践するということです。

　従来の介護は、試行錯誤を繰り返しながら、長い年月をかけて熟練した技や感受性、洞察力などを身につけて、経験を重ねていくものでした。私が訪問介護員（ホームヘルパー）として介護現場に出はじめたのが 2000（平成 12）年 4 月、介護保険制度のスタート時ですが、当時、私を指導してくださったのは、措置時代のベテランのヘルパーさんたちでした。そのヘルパーさんが支援を行った翌日に私が支援に行くと、利用者の方がとても良い状態になられていたため、「昨日、具体的にどんなかかわりをされましたか」とヘルパーさんに伺うと、「別に特別なことはしていませんよ」「いつもやっていることですよ」「あの利用者さんにはちょっとコツがいるのだけど、私が行ったときにやっておくよ」などの返答がありました。私はそういうヘルパーさんたちのことを「伝説のヘルパー」と呼んでいましたが、このままヘルパーさんたちが行っているケアを言語化しないままだと、いつまで経っても私はそのコツや良いケアを知ることができないということに気がつきました。

　介護過程とは、利用者の望む生活（生活的価値）の実現に向けて、意図的に介護を展開するためのプロセスとされています。ベテランのヘルパーさんたちが、意図的に利用者にかかわっていなかったとは思いませんが、これからの介護過程に基づく介護実践は、これまで持ち合わせてきた熟練した技や勘、コツなどにも意味をもたせることなのではないかと思っています。

　介護過程とは「介護を実践するための思考と実践のプロセス」といえますが、本書では「思考過程」の部分を中心にしたつくりになっています。

　介護の現場での介護過程は＜アセスメント−介護計画の立案−介護の実施−評価＞であり、個別支援の実践というものは、直接的な利用者への実施そのものに、利用者の生

活を豊かにできるかどうかがかかっていると思われます。ですが、本書ではあくまでも事例による思考トレーニングを目指しています。

　私はこれまで、思考トレーニングであっても、リアルに介護過程の展開を、学生に体験してもらいたいという一心で、さまざまな事例を使って教えてきました。1回でも介護実習を経験している学生は、事例を読んだだけでイメージがわくのですが、介護現場をまったく知らない1年生や外国人の方が介護過程の授業で事例を読んでも、想像すら難しいようでした。VTR等の視聴覚教材も使用したことがありますが、どんどんストーリーが流れてしまい、結局、巻き戻したり、止めたりということが多々ありました。

　そこで、出会ったのがこの『ヘルプマン！』の漫画です。利用者像やとりまく環境などが丁寧に描かれており、情報が散りばめられているので、学生にとっては情報を拾いやすいようでした。それに漫画なので、大切な情報には付箋をつけながら、何度も繰り返し読むことができ、事例をイメージしやすいようでした。

　近年、介護福祉士養成施設の教員を目指すために受講が必須となっている「介護教員講習会」の「介護過程の展開方法」という科目を担当していますが、そこでもこの漫画『ヘルプマン！』を活用しています。

　本書は、15年近く試行錯誤を繰り返しながら行ってきた、漫画『ヘルプマン！』第2巻を活用した講義のエッセンスを1冊にまとめたものです。講義で使っている資料を、できるだけそのまま本書に入れて解説しましたので、介護過程を初めて学ぶ学生の方や介護現場のみなさんにご活用いただければ幸いです。

　最後に、本書の制作にあたり、どうしても『ヘルプマン！』の漫画を使いたいという、私のわがままを快諾し、新たにカバーのイラストやアイコンを描いてくださった漫画家のくさか里樹さん、漫画を使用することを許可してくださった講談社・朝日新聞出版の方々に御礼申し上げます。そして何年も前から書くと言いながら、なかなか形にならない私を、諦めずに支えてくださり、1冊の本にまとめてくださった中央法規出版の日高雄一郎さんのご尽力に感謝申し上げます。

2021年7月

八木裕子

目次

第3章 介護過程の展開の実際

事例編 漫画『ヘルプマン！』（第2巻抜粋）

事例編は、巻末からお読みください。

著者プロフィール

第 **1** 章

介護過程を
展開する上での
基本視点

介護過程を具体的に学ぶ前に、まずは、介護過程を展開する上での基本的な考え方を押さえておきましょう。

1 介助から介護、そして介護福祉へ……

　わが国の社会福祉関係の法令のなかで、「介護」という用語が初めて使われたのは明治中期で、「陸軍軍人傷痍疾病恩給等差例」（1892（明治25）年）の第1条第1号の「不具モシクハ廃疾トナリ常ニ介護ヲ要スルモノハ……」と記されているのが最初といわれています。その後、1963（昭和38）年に制定された老人福祉法で特別養護老人ホームの設置と、老人の入所要件が定められて、「介護」という用語が使用されました。それによると、「身体上又は精神上著しい欠陥があるために常時の介護を必要とし、かつ、居宅においてこれを受けることが困難」な人がその対象者とされ、24時間ずっと他人に保護されて生活している人に対する政策上の課題として「介護」という用語は登場したものの、具体的な介護の内容や範囲についての規定は特になされていませんでした。

　1974（昭和49）年に出版された『社会福祉辞典』（誠信書房）では、「介護」とは、「疾病や傷害などで日常生活に支障のある場合、介助や身のまわりの世話（炊事、買物、洗濯、掃除などを含む）とする」とあり、同辞典において「介助」とは、「『ねたきり老人』などひとりで動作できない人に対する食事、排便、寝起きなど起居動作の手助け」とされています。

　このように、当時はねたきり老人など生活のすべてに支援が必要な要介護度の高い人へのかかわりが介護の中心で、「介護技術」中心の支援だったことがわかります。

　その後、介護の社会化に向かうなか、「介護（ケア）」は単なる介助・身の回りの世話という概念から、社会・文化的生活援助も含め、包括的（総合的）な日常生活援助を意味する「介護福祉」へと定義を発展させていきました。

　これらを整理すると、介助→介護→介護福祉へと概念が変化することによって、介護は「生命体の維持」レベルから「日常生活の維持」レベルへ、さらには「社会生活の維持」レベルへと広がりをみせ、より高い専門性が求められるようになってきました。つまり、「介護福祉（ケアワーク）」とは、介護の実践を通して、利用者の生活福祉の向上を実現する包括的な支援と考えられます。

ここがポイント！

介助 → 介護 → 介護福祉
生命体の維持 ⇒ 日常生活の維持 ⇒ 社会生活の維持

2 福祉とは何か

　介護「福祉」について考えるにあたって、この「福祉」とはどのように考えたらよいのでしょうか。「福祉」と聞くと、「幸福」や「幸せ」と答える人が多いですが、これは誰にとっての「幸せ」なのでしょうか。

　福祉とは何かということが難しく書かれているテキストはたくさんありますが、ここでは、「あいうえお作文」で「福祉」を考えてみたいと思います。

> 「ふ」つうに
> 「く」らせる
> 「し」あわせ
> この三つの言葉の頭文字をつなげると「ふくし」になりますね。

　「あいうえお作文」だけではなく、この言葉のように、ふくし（福祉）とは、特定の誰かだけではなく、「みんなが幸せになれる」ようにその人とその環境（状況や状態）へ働きかけていく活動（努力）や仕組みをいいます。これは、私もあなた自身も「福祉」的な暮らしを送るためには必要不可欠なものとなります。

　たとえば、あなたは幼い頃、保育所（園）に行きましたか？　保育所に行っていた人のご両親はなんらかのお仕事をされていなかったでしょうか。保育所は、両親の仕事や病気などの理由により、「保育を必要とする乳児・幼児を日々保護者の下から通わせて保育を行うことを目的とする施設」と児童福祉法第 39 条にも示されています。両親が仕事で家にいない状態でも子どもが「普通に暮らせる」という状態を確保しなくてはなりません。ですから、保育所では、保育士という福祉専門職が子どもを預かり、基本的に生活面を中心とした指導を行っています。ですから保育所に行っていた人は、すでに福祉のお世話になったといっても過言ではありません。

　いかなる状況下においても人びとを生活の主体者（主役）として捉え、普通に暮らせる幸せを支えることが福祉であるといえるでしょう。

ここがポイント！

その人の「生きていてよかった」を支えるという、「個人の生活的価値の実現」のために福祉専門職は日々活動しています。

3 生活とは何か

福祉専門職は「生活全体の設計者」であり、「生活環境を整備する人」、言いかえると「生活づくりをしていく人」といえます。

では、「生活する」とはどのような意味があるのでしょうか？　生活とは、人間として生命を維持していくために生理的・身体的に必要な営みであると同時に、人間として尊厳ある営みが続いていくことでもあります。つまり、生活とは生命維持として不可欠なものであり、着る物、食べ物、住む場所を確保するということで、衣食住が特に重要となります。また、人間は1人では生きていけないため、家族の形成、家族以外の人や地域社会とのかかわり方、人間関係が重要になってきます。さらに、生活は、多様な側面が複雑にからみ合って成り立っているもので、個別性や価値観に大きく左右されるため、一人ひとりの生活には相違があることを理解しておく必要があります。「暮らし」も「生活」と同じ意味で使われますが、「暮らし」はライフスタイルやその人の生き方やこだわり、個性といった印象を「生活」よりも強くもっているように感じます。

ですから、生活の主体者は生活する本人であることを意識しながら、福祉専門職は支援を行うことが重要です。支援が必要な状態であっても、本来の「人としての生活」を実現することの視点をもっていないと、無意識にその人の尊厳をおかすような行為に走ってしまいます。

人は誰でも、どんな状態にあっても、人間として当たり前の生活がしたいと願うものです。誰もが安心して、幸せに生活できる社会をつくるために、ノーマライゼーション（normalization）という考え方があります。障害者、高齢者、健常者などと区別して隔離するのではなく、すべての人がごく普通（normal）に生活できる社会をつくっていこうという考え方です。つまり、「普通に人としての生活ができるように環境を整えていこう」ということです。そして、すべての人の人としての権利を実現するような社会の状態をつくり出していかなければなりません。

ここがポイント！

福祉専門職はノーマライゼーションの視点をもって、「その人らしい生活をしていく上での『生活づくりをさまざまな視点（身体的・精神的・社会的・経済的な視点）から支える』こと」が重要です。

4 その人らしさとは

　高齢者や障害者の生活支援を考えるとき、「障害」や「疾病」だけに着目するのではなく、一人ひとりの生活経験の多様性から形成された「その人らしさ」をいかに尊重していくかという視点が大切です。

　そこで考えなければならないのは、「人間の尊厳」です。人間の尊厳は自尊心によって支えられます。つまり、自分が生きていることを肯定できること、あるいは自分は価値ある人間だと思える心によって保たれます。ですから、人間は自由な意思と主体性をもっており、個人として尊重されなければなりません。そして、社会環境（人との関係や習慣、規律等）のなかで、自らの「人間らしさ」を築く過程において、「人間の尊厳」が形成されます。

　尊厳には生命や人間の尊厳としての普遍的な尊厳がありますが、介護においては個別的な尊厳も尊重される必要があります。個別的な尊厳とは、誰にでも共通するものではないが、その人がもつ「自分らしさ」、つまり、その人にとっての「人間らしさ」＝「その人らしさ」を尊重することです。

　その人らしさの尊重とは、その人が社会環境のなかで培ってきた自分なりの「存在感」や「役割」を感じながら生きていけるように支援していくことです。介護を必要とする状態になったとたんに、尊厳が奪われ、自尊心を無くしてしまい、ただ「生かされている」だけのような状態では、生きる意欲そのものが失われていくことになります。

　介護を必要とする人が自立した生活を送るためには、生活意欲を高め、その人らしい尊厳のある暮らしを支えることが必要です。それには本人自らの選択と決定（自己決定）が伴います。そして、時としてその人らしさが「こだわり」となり、他人からみるとそれが「わがまま」や「頑固」と感じられることがあるかもしれません。なぜ今、この人はこのようなことを言っているのか、自分できちんと「こだわり」を伝えようとしている人の本当の思いや願いは何か、を考えることが大切です。

ここがポイント！

介護に携わる者として、相手の人生にきちんと寄り添い、謙虚な気持ちや態度、細やかな配慮をもって接することが大切です。

5 介護福祉士の専門性

1980年代後半以降、少子高齢化の急速な進行と、特に後期高齢者および高齢者世帯の数の増大等により、福祉・介護サービスに対するニーズの多様化が進んだことで、新たな現状に対応できる専門職の必要性が議論されるようになりました。この議論が契機となって、1987（昭和62）年に社会福祉士及び介護福祉士法が制定されました。日本で初めての介護福祉職の国家資格の誕生です。

この法律では当初、介護の対象者を「身体上又は精神上の障害があることにより日常生活を営むのに支障がある者」とし、介護福祉士の業を「入浴、排せつ、食事その他の介護を行い、並びにその者及びその介護者に対して介護に関する指導を行うこと」と規定しており、当時は介護福祉士の業務はいわゆる「三大介護」、つまり、「入浴・排泄・食事」を行い（利用者の）身の回りの世話をするものとして考えられていました。

しかし、2007（平成19）年の改正では、介護福祉士の行う「介護」について、「入浴、排せつ、食事その他の介護」から「心身の状況に応じた介護」に改められました。このことにより介護福祉士の役割は、身の回りの世話をするだけの介護から、高齢者や障害者等の生き方や生活全体にかかわることで利用者の暮らしを支え、自立に向けた介護を利用者や家族とともに実践することへと変わってきました。

日本介護福祉士会は、介護福祉士の専門性について、次のように説明しています（日本介護福祉士会 p.123、2016年）。

> 介護は生活全般にかかわる広範な仕事です。ところが、多くの人々は『介護』というと、おむつを交換するなどの排泄介助やベッドから起こすなどの移乗介助、暑い浴室の中で行う入浴介助などをイメージしていると思います。しかし、介護福祉士が行っているのは、これらの介助も含めた生活全般について、観察などから情報収集して、それらを統合・分析し、どのような課題、ニーズがあるのか発見したうえで、QOLを高めるための介護方法を見出していくことです。実際にその利用者に最適な介護を実践し、目標達成するためには、介護職員の指導や教育も必要ですし、関係職種との連携やさまざまな面での環境の整備も求められます。これらができるのは介護職として守るべき倫理や介護実践の原則をよく理解し、介護という仕事のなかで守り、実行できるという前提があります。

ここがポイント！
日本介護福祉士会は、介護福祉士の専門性を「利用者の生活をより良い方向へ変化させるために、根拠に基づいた介護の実践とともに環境を整備することができること」とまとめています。

6 介護過程の必要性

　日本介護福祉士会は介護福祉士の専門性について、「利用者の生活をより良い方向へ変化させるために、根拠に基づいた介護の実践とともに環境を整備することができること」とまとめています。具体的には、❶介護過程の展開による根拠に基づいた介護実践、❷環境の整備・多職種連携、❸指導・育成の3点を挙げています（日本介護福祉士会 p.124、2016年）。

　特に❶に関しては、利用者の自立に向けた介護過程を展開し、根拠に基づいた質の高い介護を実践することを意味し、これこそが介護福祉士の専門性のなかでも特に重要だといわれています。従来の介護は、試行錯誤を繰り返しながら、長い年月をかけて熟練した技や感受性、洞察力などを身につけて、経験を重ねていくものでした。しかし、このような経験によるコツや勘だけでは、すぐれた理論や技術は生まれてきませんでした。それこそ、場当たり的で、医療専門職の指示の下でしか動けないとまでいわれてきました。

　そのため、これからの介護は、コツや勘といった経験だけによるものではなく、なぜその介護が必要なのかという根拠を示す必要があります。根拠ある介護を行うために、介護福祉士は、利用者の多様な生活ニーズ（生活課題）を明らかにし、生活ニーズを解決するための介護目標を立てるとともに、個別援助計画（個別介護計画）を立案し、その計画を実施し、実施内容の効果を評価します。この一連のプロセスを介護過程と呼んでいます。

　つまり、利用者の情報と、それに対する分析をもとに、目標をもって介護を行っていくこと。これが「介護過程」であり、行う介護の根拠となるのです。この根拠がはっきりすると、介護を意図的に行うことができるだけでなく、介護福祉士は介護を提供するまでのプロセスを科学的な思考に基づいて説明することができます。そのため、多職種にも言語化して伝えることができ、連携しやすくなります。そうした実践の積み重ねが介護の専門性の確立へとつながっていきます。

ここがポイント！

「しっかり考えて、モノが言える介護福祉士」になるためにも、これからの介護には介護過程の展開に基づく介護実践が不可欠ということですね。

第 2 章

介護過程の
基礎的理解

· ·

介護過程とは、「介護を実践するための思考と実践のプロセス」です。介護過程を展開するために必要な用語や基本的な考え方を学びましょう。

1 介護過程とは何か

　介護（福祉）の目的とは何でしょうか？　第１章に書かれていることをまとめてみると、「介護が必要な人々が自分の能力を活用しながら、自分らしく尊厳をもって生きられるように、QOL（生活の質）の向上を図ること」といえるのではないでしょうか。

　「介護とは世話をすること」「介護とはおむつ交換をすること」といわれることがあります。しかし、介護には世話や介助をすることはもちろん含まれますが、世話や介助をすることがイコール介護ではありません。排泄介助、食事介助、リハビリテーション……は、介護の手段であり、介護の目的ではありません。あくまでも介護の目的は、「本人の望む生活の実現」であり、非常に福祉的なのです。

　ですから、病気や障害があるとしても、介護という手段を使って、生活的価値の実現を図っていくことが大切です。こうした介護の目的を達成するための介護過程は図表2-1のようにまとめられます。

図表2-1 ■ 介護過程のプロセス

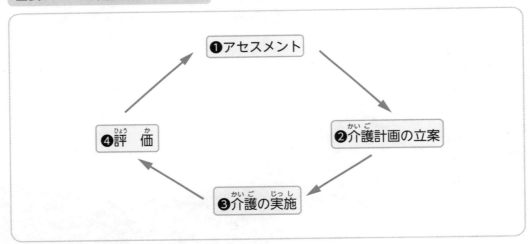

ここがポイント！
介護過程とは、利用者の望む生活の実現に向けて、多角的な情報収集を行い、生活上のニーズや解決すべき課題を明確にし、介護計画を立案、実施、評価する一連の思考と実践のプロセスです。

2 介護過程は課題解決に向けての思考と実践の過程

介護過程は「課題解決に向けての思考と実践の過程」といえます。ここでは、「課題」と「目標」「目的」の違いについて考えてみましょう。

ここでは、Ａさんを例にとって説明します（図表2-2）。

図表2-2 ■ 「課題」と「目標」「目的」の関係図

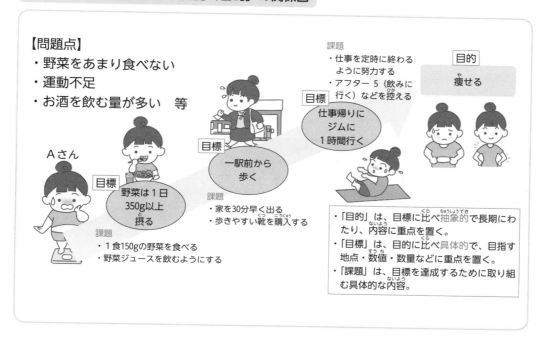

まず、Ａさんは「痩せる」という「目的」があります。問題点は、野菜をあまり食べないこと、運動不足なこと、お酒を飲む量が多いこと等です。「痩せる」という「目的」を達成するためには、問題点を解決する必要があります。そのため、「野菜は1日350ｇ以上摂る」「一駅前から歩く」「仕事帰りにジムに1時間行く」など、「目的」に向かって少しずつ「目標」を立てます。

そして、「目標」を達成するために取り組む具体的な内容が「課題」になります。たとえば、「野菜は1日350ｇ以上摂る」という「目標」に対しては、「1食150ｇの野菜を食べる」「野菜ジュースを飲むようにする」などの課題をクリアしながら「目標」を達成していくこととなります。そして、最終的に「目的」に近づいていくことができます。

このように、「問題」は原因そのものであり、「課題」は原因を改善するための取り組

みとなります。「問題」が事実であるのに対し、「課題」は「目標」を達成するための具体的な行動をさします。

　介護過程とは、利用者の生活上の「問題点の発見」と「課題の解決」を行うために、介護実践を通して行っていくアプローチのことです。このことから「課題解決型」や「課題解決型アプローチ」といわれますが、これは本人や周囲に存在する課題を抽出し、その課題を減らして問題を整理し、その人の望む生活にしようとする方法です。課題を解決していくことで、生活上の問題が見えやすくなり、整理しやすくなってきます。

　しかし、介護では、高齢者の加齢現象や脳卒中の後遺症などの障害を対象とすることが多く、これらの現象・障害には「解決できない課題」もあります。

　したがって、介護では課題解決型アプローチを併用しつつ、目標指向（志向）型アプローチも検討していきます。「目標指向（志向）型」とは、ただ目の前の課題を解決するだけでなく、本人の状態や希望などを総合的に勘案し、ある目標を設定して、それを達成することで、その人の望む生活や人生に近づけていく方法です。

ここがポイント！

介護を展開していくときは、課題解決型アプローチと、目標を設定して支援を行う目標指向（志向）型アプローチの、両者の考え方を併せもつ支援方法が必要となります。

3 ケアプランと個別援助計画書（個別介護計画書）

　本来、介護老人福祉施設や介護老人保健施設等の介護保険施設においては、施設の介護支援専門員（ケアマネジャー）がケアマネジメントの手法を用いて作成する施設サービス計画（ケアプラン）をもとに、介護職員が受け持ちの利用者の「個別援助計画書（個別介護計画書）」を介護過程の手法を用いて作成します。しかし、施設の場合、この計画書を作成することはいまだに義務化されていません。一方で、在宅サービスについては義務化されており、居宅介護支援事業所のケアマネジャーが作成する居宅サービス計画（ケアプラン）をもとに、訪問介護（ホームヘルプサービス）の場合は「訪問介護計画書」、通所介護（デイサービス）の場合は「通所介護計画書」が、利用者ごとに「個別援助計画書」として作成されています（介護保険法上は、「個別援助計画」は「個別サービス計画」という言葉が使われています）。

　在宅では、複数のサービスが包括的に行われることから、居宅サービス計画に基づいて、各サービスが同じ目標に向かって援助を行えるように、個別援助計画の作成が義務づけられていることには意味があります。一方で、施設では、施設の中ですべてのサービスが行われることから、施設サービス計画とは別に個別援助計画書を作成する意味が在宅ほど大きくはないため、個別援助計画の作成が義務づけられておらず、実際に作成している施設はまだ少ないのが現状です。

　一方、障害者福祉分野では、「意思決定支援計画」という形で、施設でも在宅でも、障害福祉サービスの利用者ごとに、個別援助計画書にあたる「個別支援計画書」を作成しています。

　これからは、介護過程の展開を身につけることが介護福祉士の専門性としてますます求められるようになりますので、今後は個別ケアの提供のためには、介護過程の展開に基づく介護実践が不可欠となります。在宅だけでなく施設においても、個別援助計画の位置づけを明確にし、介護職員（介護福祉士）が受け持ちの利用者の介護過程に向き合えるような環境をつくっていく必要があります。

　本書では、この「個別援助計画（個別介護計画）」を「介護計画」という呼び方で統一します。

図表 2-3 ■ ケアプランと個別援助計画の種類

ケアプラン

規定する法律	計画の名称	計画の主な作成者
介護保険法	介護サービス計画(居宅サービス計画・施設サービス計画)	介護支援専門員
障害者総合支援法	サービス等利用計画	相談支援専門員

サービスの
位置づけ

個別援助計画※

サービス提供主体の例	計画の名称	計画の主な作成者
訪問介護	訪問介護計画	介護福祉士等
通所介護	通所介護計画	介護福祉士等
訪問看護	訪問看護計画	看護師
通所リハビリテーション	通所リハビリテーション計画	理学療法士等

※ 介護保険法上「個別サービス計画」という言葉が使われている。

出典：介護福祉士養成講座編集委員会編『最新 介護福祉士養成講座9 介護過程』中央法規出版，p.17，2019年

4 介護過程の構成要素

　介護過程は、利用者の望む生活を実現するために、基本的に「❶アセスメント⇒❷介護計画の立案⇒❸介護の実施⇒❹評価」という四つの構成要素に従って順に系統的な方法で行われています（図表2-4）。

図表2-4 ■ 介護過程のプロセス

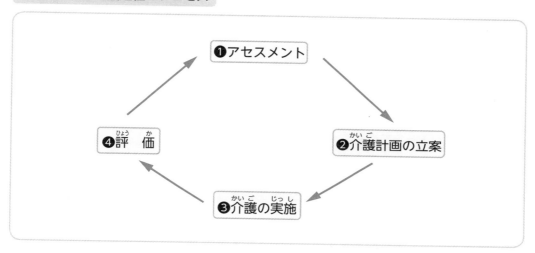

　ここでは、この四つの構成要素を別の角度から詳しく見てみましょう（図表2-5）。基本的には、4段階で構成されていますが、一つひとつの内容にはさまざまなプロセスが含まれています。

　まず、「❶アセスメント」には、「情報収集」から「情報の解釈・関連づけ・統合化」、「生活課題の明確化」が含まれます。ここでは、利用者の生活全体についてさまざまな視点から情報を集め、生活上の問題がどのような要因（原因・状態）で起きているのかを知るとともに、本人や家族がどのような希望をもっているのかも把握し、その望む生活に近づけるためにどのような生活課題があるのかを明らかにします。

　「❷介護計画の立案」では、生活課題を解決していくための目標（長期目標・短期目標）を掲げ、そのために具体的な支援内容や方法を計画に落とし込んでいきます。

　「❸介護の実施」では、介護計画に基づいて、「尊厳の保持」「自立支援」「安全・安心」に配慮した介護（具体的な支援）を実施します。

　「❹評価」については、展開した支援内容や方法が適切であったか、また、それが目標に達しているかどうかを検討します。そこで、利用者の抱える課題が解決につながら

図表 2-5 ■ 介護過程のプロセスの詳細

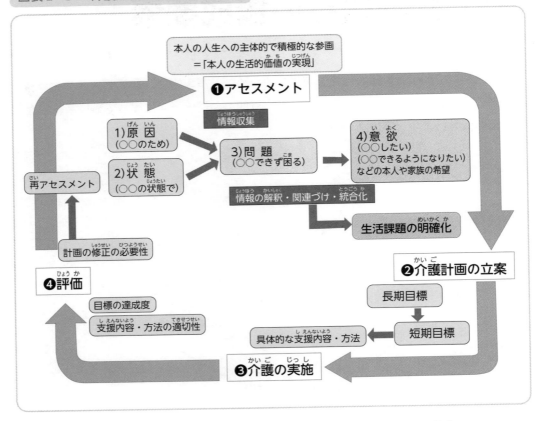

ないと判断した場合は、介護計画の修正が必要となり、新たに情報を収集し直したりして、アセスメントをやり直し、介護計画を修正していきながら、利用者が望む生活や自己実現を果たすことができるように、介護過程の展開を繰り返していきます。

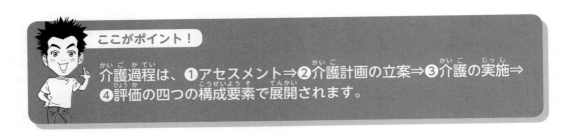

ここがポイント！

介護過程は、❶アセスメント⇒❷介護計画の立案⇒❸介護の実施⇒❹評価の四つの構成要素で展開されます。

アセスメント（情報収集）

介護過程の展開とは「❶アセスメント⇒❷介護計画の立案⇒❸介護の実施⇒❹評価」ですが、特に大切なのがアセスメントです。アセスメントとは、「事前評価」や「査定」という意味がありますが、介護の方向性を総合的に判断するため、情報を収集しながら情報の解釈・関連づけ・統合化を行い、利用者の生活上の課題をはっきりさせることです。つまり情報を集めることが目的なのではなく、介護を必要としている高齢者や障害者に対し、その人が望んでいる支援のために、必要な情報収集を行うことです。

情報収集とは、生活全体をさまざまな視点から把握し、利用者に関心を寄せながら、本人の思いや意欲等も考えて情報を整理することが重要です。

情報収集には、利用者と直接的にかかわり合いをもちながら、五感をフル活用して観察し、情報を集める直接的な情報収集と、記録や他の介護福祉職、他の職種などからの情報提供によって情報を集める間接的な情報収集があります（図表2-6）。

直接的な情報収集のコツは、目の前の利用者をよく観ることです。利用者と目線を合わせて、利用者の言葉をよく聴いてみましょう（図表2-7）。そのように収集した情報は、他のスタッフにとっても有用であるはずです。質問攻めにするのではなく、信頼関係を積み重ねながらかかわってみましょう。

図表2-6 ■ 情報源による情報の分類

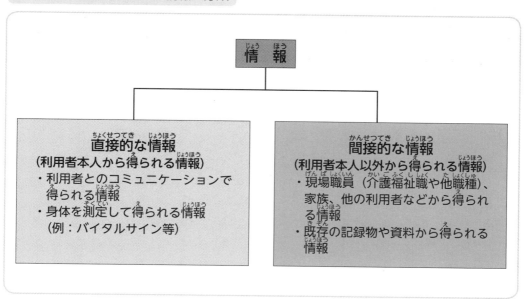

　具体的な情報の集め方については、本書では、人間の生活機能と障害の分類法として、
2001 年の世界保健機関（WHO）総会において採択された、ICF（国際生活機能分類）
を活用します。

ここがポイント！
情報収集は、利用者の生活の全体像を捉えることをさしています。
「利用者その人を理解する」ということなので、ADL（日常生活動作）
や本人が感じている欲求や要望を含め、さまざまな角度から情報を
集めることが理想です。

ICF（国際生活機能分類）に基づいた情報収集

アセスメント（情報収集）について、利用者の生活全体をイメージしやすい、ICF（国際生活機能分類）の視点から考えてみます。

疾病の後遺症や高齢のため歩けなくなり、外出を諦めなければならない状態の利用者に、あなたも会ったことがあるのではないでしょうか。けれどその「障害」を「車いすがあれば外出できる」と捉えれば、「できない」は「できる」に変わります。その人の「生きる全体像」を捉えて、「よりよく生活するためにどうするのか」を考える生活機能と障害の分類法がICFなのです。つまり、ICFとは「生活機能モデル」に立って、利用者の「『生きること』を総合的にみる『共通言語』（共通のものの見方・捉え方）」であり、「よりよく生きていく」ために働きかけていくツール（道具）なのです。

「ICF」では図表2-8のように、「心身機能・身体構造」「活動」「参加」をまとめて「生活機能」といい、「環境因子」「個人因子」をまとめて「背景因子」といいます。

図表2-8 ■ ICF（国際生活機能分類）の概念図

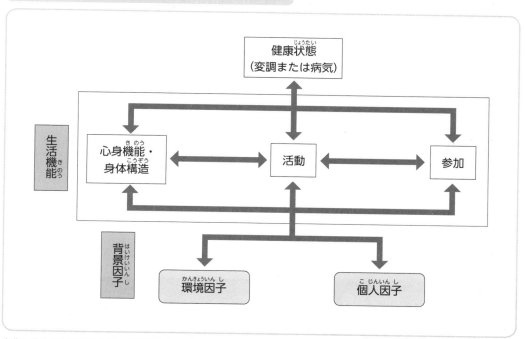

出典：障害者福祉研究会編、世界保健機関『ICF 国際生活機能分類——国際障害分類改定版』中央法規出版、p.17, 2002年を一部改変

① 健康状態

健康状態とは、生活機能の低下を起こす原因をさします。ICF では、疾患や外傷に加えて、加齢、ストレス状態、妊娠など広範囲のものを含みます。

② 心身機能・身体構造

心身機能とは身体の生理的、心理的機能のことをさしています。見ることや聞くこと、呼吸をすることや音声を発することなどの能力をさします。身体構造とは、身体のそれぞれの器官や、肢体とその構成部分などのことをさします。つまり、脳や呼吸器、骨や皮膚など、身体の各部分の位置や大きさなどが分類されています。

③ 活動と参加

活動とは、生活上の目的をもった具体的な行為のことをさします。読むことや書くことに加え、コミュニケーションをとることや家庭生活を行うことなどが含まれます。参加とは、家庭や社会などへのかかわりのことをさします。働くことやスポーツをすること、地域のなかで何か役割を果たすことなどが含まれます。

④ 環境因子

環境因子は、人の生活機能に影響を与える外的な要因です。たとえば、建物の設備、交通機関のバリアフリー状況などの物的な環境が例として挙げられます。それだけではなく、環境因子には家族や友達、世間の人の目などの人的な環境や、医療や保健などのサービスも制度的な環境として含まれます。

⑤ 個人因子

個人因子とは、その人に固有の特徴のことをさします。この個人因子に関しては、社会的・文化的に大きな違いがあるため、現在の ICF では分類されていませんが、年齢や性別、民族などの基本的な特徴に加えて、社会的状況や人生体験なども、背景因子の構成要素に含めることができます。

ここがポイント！

質の高い介護サービスを提供するためには、多職種の連携と協働が欠かせません。そこで、ICF という共通言語を用い、情報を共有することが可能となります。

7 アセスメント（情報の解釈・関連づけ・統合化）

なぜ、情報の解釈・関連づけ・統合化が必要なのでしょうか。

たとえば、「本人が口頭で表出した『要望・要求（demand）』」に対して、「利用者本位」だと思って、利用者が「こうしてほしい」ということをそのまま行うことが必ずしも良い介護とは限りません。それは、図表2-9のような「御用聞きの介護過程の展開」となり、利用者が本当に望む生活からずれてしまう場合が多いです。これでは情報を解釈・関連づけ・統合化しているとはいえません。

図表2-9 ■ 御用聞きの介護過程の展開

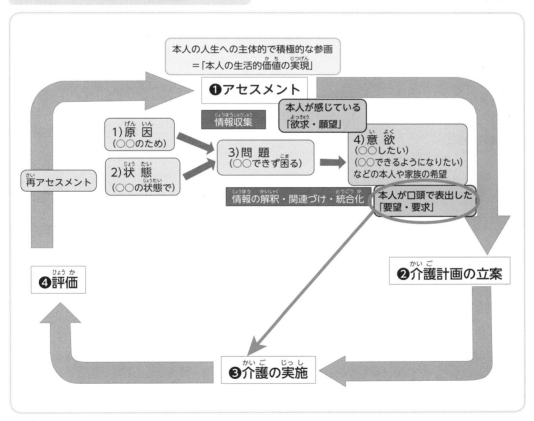

　図表2-10の介護過程は、利用者の現在の状態だけを見て、こちらから介護の方法を決めてしまう介護過程になっています。たとえば左片麻痺の状態であるBさんに対して行われる介護の方法が適切だったとしても、Cさんも左片麻痺だからといって、Bさんと同じ介護を提供すればよいというわけではありません。利用者本人の自己決定に基づ

く主体的な生活を送っていただくために、きちんと一人ひとりの状況から、本人がどのような問題を抱えているのか、どのような生活を実現したいのかをアセスメントし、情報を解釈・関連づけ・統合化していかなければ、どの人にも画一的な介護を提供してしまう可能性があります。

図表 2 -10 ■ 介護ありきの介護過程の展開

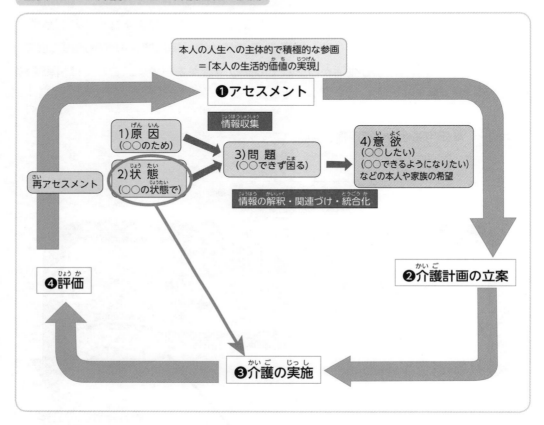

本人の人生への主体的で積極的な参画
＝「本人の生活的価値の実現」

❶アセスメント

情報収集

1) 原 因
（○○のため）

2) 状 態
（○○の状態で）

3) 問 題
（○○できず困る）

4) 意 欲
（○○したい）
（○○できるようになりたい）
などの本人や家族の希望

情報の解釈・関連づけ・統合化

再アセスメント

❹評価

❷介護計画の立案

❸介護の実施

　図表 2 -11 については、問題解決型の介護過程の展開です。あながち間違っていないように思えますが、本人の望む生活というものは、できないところを「できる」ようにするだけでは得られません。「歩けない」という問題を「歩ける」という状態にするだけが介護ではありません。

　介護過程における情報収集では、利用者の状態像をできるだけ客観的に把握し、情報を整理した後は、一つひとつの情報について、解釈していきます。また ADL（日常生活動作）についても「できる・できない」をみるだけではなく、その状態を利用者が「どのように思い、感じているか」を把握することが大切です。そして、どのように支援すれば本人の望む生活に近づけられるのかを検討します。

　また、ここでは、自立支援の視点が必要となります。自立するのは、利用者本人です。

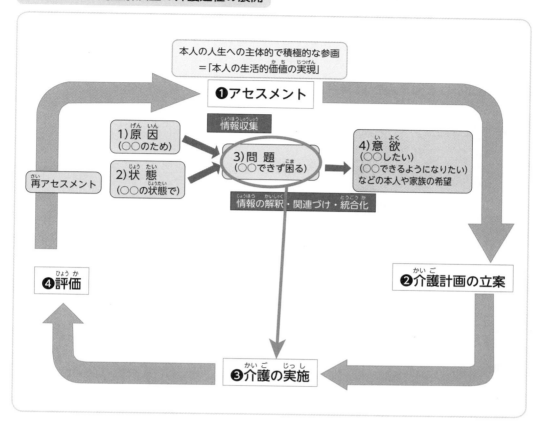

図表 2 -11 ● 問題解決型の介護過程の展開

本人の人生への主体的で積極的な参画
＝「本人の生活的価値の実現」

❶アセスメント

情報収集

1)原因
（○○のため）

2)状態
（○○の状態で）

3)問題
（○○できず困る）

4)意欲
（○○したい）
（○○できるようになりたい）
などの本人や家族の希望

再アセスメント

情報の解釈・関連づけ・統合化

❹評価

❷介護計画の立案

❸介護の実施

ですから、他人から言われたり、強要されたりして行動している状態では、自立しているとはいえません。自ら「したい」「する必要がある」という認識をもっているかどうかが自立の大前提になります。自力でできることでも、単に意思をもっているだけ（思っているだけ）では行動に結びつきません。それを行動に移すためには、思ったことを目標にして行動しようという意志と、そのためにさまざまな方法を用いて達成しようという意欲が必要です。つまり、自立のためには、身体機能と意志と意欲が結びつくことが重要です。

　何が原因で、現在どのような状態で、何に困っていて、どのような支援を求めているのかを情報から多角的に把握し、本人が口頭で表出している要望・要求を聞くだけでなく、その奥にある欲求・願望を知り、さまざまな情報を解釈・関連づけ・統合化することで、真のニーズを知り、そこから意欲を引き出していけるような生活課題を設定していくことが大切です。

　図表 2 -12 のように、本人が「解決したい」「できるようになりたい」と思っているものを引き出していくことがポイントで、介護福祉職の思いだけで介護を実施すること

になると、「強制」や「虐待」と捉えられることにもなります。本人の意欲を上手に引き出しながら、課題解決に結びつけ、本人の望む状態をつくり出すことが重要です。

　情報を「解釈・関連づけ・統合化」するためには、まずは、収集した「情報」を整理したり、類似の情報や関連のある情報について考えることが大切です。そして、情報の解釈・関連づけを踏まえて、「統合化」することになります。

図表 2 -12 ■ 目指すべき介護過程の展開

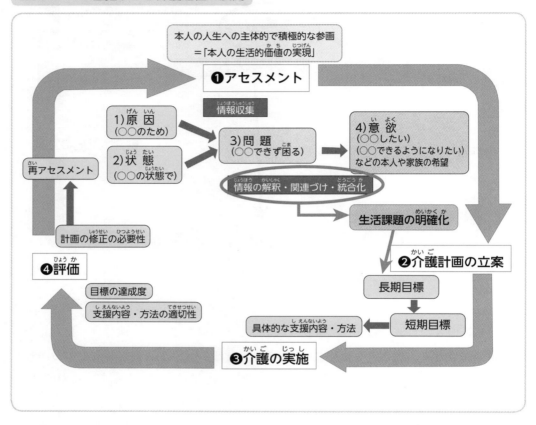

　たとえば、図表 2 -13 のような利用者がいた場合、情報を図表 2 -14 のように考えていきます。

図表 2-13 ■ 情報収集する利用者の状態像

図表 2-14 ■ 情報の解釈・関連づけ・統合化のイメージ

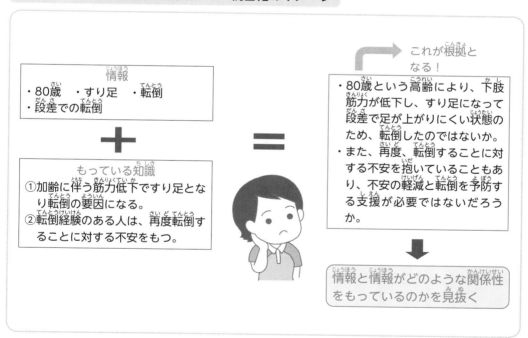

　特にICF（国際生活機能分類）の視点で考えていくことは、利用者の全体像の把握につながります。ですからICFの視点を踏まえて情報を「解釈・関連づけ・統合化」していくためには、次のような視点をもつと考えやすいです。

❶ 生活機能に目を向け、それらを活用して営まれている利用者の全体像を把握する。

❷ 生活機能の「活動」「参加」の状況に目を向け、利用者のプラス面をみる。

❸ 「活動と参加」を促進・制限（制約）する要因は何かを考える。

❹ 「環境因子」「個人因子」の背景因子が、生活機能に及ぼす影響は何かを考える。

ここがポイント！

利用者の全体像を把握するためには、情報と情報がどのように複雑にからみ合っているのか、情報の一つひとつの背景には、利用者の思いやこれまでの人生にかかわることが秘められているのか、ということを理解することが大切です。

8 アセスメント（生活課題の明確化）

1）生活課題の明確化

　情報の解釈・関連づけ・統合化を行った後は、介護計画を立案するために、生活課題を明確化します。なぜ、ここまで情報を収集して、解釈・関連づけ・統合化することの大切さを述べてきたかというと……それは、その利用者が抱える問題点や困りごとは何か、その人にとって介護の支援が必要であるかを私たち介護福祉職が知ることが、介護を実施する上で重要だからです。そして、それを知るためには生活課題の明確化が必要です。第2章「2　介護過程は課題解決に向けての思考と実践の過程」で述べたように、介護過程は（生活）課題解決に向けての思考と実践の過程なので、介護過程におけるアセスメントの目的とは、生活課題を明確にすることであり、利用者に適切な介護計画を立案することにあります。

　生活課題とは、介護によって期待できる利用者の望む生活を実現または継続していくために、解決しなければならない利用者自身の生活上の課題を意味します。ですから、利用者の望みや思いを踏まえて具体的に検討します。利用者の現状と目標（ありたい姿）の間に、どのようなギャップがあるのかを明確にすることが課題の明確化です。課題を明確化し、その課題を解決するために介護の方向性を決めていくのです。山登りでいえば、登る山がどのくらいの高さで、どのくらい険しいのか、どのような方法で行くのか、を確認するわけです。

　ですから、ただ単に介護するのではなく、課題に沿った介護をしていくのです。

　その生活課題の決定については、❶利用者や家族の望みや思いは何か、❷利用者や家族が実際に生活する上で困っていることは何か、❸介護福祉職からみて必要なことは何か、ということを検討し、決定していきます。このことから、課題は一つだけではなく、生活全般において複数挙げられることが多いです。ここでの生活課題とは、あくまでも介護福祉職がかかわることで解決に向かうことが可能な範囲のものをさします。ですから、利用者の望みや思いを大切にしながら、その介護方法や支援が本当に適切なのかどうかについて、情報を整理し、解釈・関連づけ・統合化を経て、的確に判断していくことが介護の専門性と考えられます。

2）生活課題の優先順位

　生活課題がいくつか明らかになったら、優先順位を設定します。優先順位の視点としては、「❶生命の安全性」（生命を脅かすような緊急性のあるもの）を最も優先して考えます。食欲がないとか健康面などがそれにあたります。つまり、命にかかわる課題などの緊急性が高いものは優先順位が高くなります。次に「❷生活環境の安全性」を考えます。日常生活における身体・精神面の苦痛や不安感などです。そして「❸環境因子の未整備など」（自立した生活の妨げになるものなど）、「❹社会参加への阻害要因など」、「❺個人因子（実生活と自己実現の乖離など）」の順となります（図表2-15、図表2-16）。

図表2-15 ● 生活課題の優先項目と具体的な項目例

生活課題の優先項目	具体的な項目例
❶　生命の安全性	・精神面（意識がない、自殺未遂、自殺願望がある、精神状態の不安定など） ・食生活面（食欲がない、嚥下障害など、著しい食事量の低下など） ・健康面（高血圧、血糖値が高いなど） ・生活習慣病を抱える（心臓病、糖尿病、脳梗塞など）
❷　生活環境の安全性	・日常生活における身体・精神面の苦痛や不安感（不眠、疼痛、食欲不振、経済的不安、人間関係の不安、孤独など）
❸　環境因子の未整備など	・外出時および移動時の未整備（公共交通機関・外出支援者の未整備など） ・室内の生活環境の未整備（台所、トイレ、浴室、廊下、階段、居室、玄関、福祉機器の未整備など） ・家族および緊急連絡者との関係性（同居家族との不仲・近隣に家族がいないなど） ・施設内で趣味活動ができない　など
❹　社会参加への阻害要因など	・施設内でやりたいことがない ・親しい友人がいない、友人が近隣にいない ・支援してくれる人がいない、支援してくれる人はいるが利用しにくい　など
❺　個人因子（実生活と自己実現の乖離など）	・家族と同居したいができない ・嗜好品を飲食することができない ・施設生活になじめず退所したい ・自由に外出したい　など

図表 2 –16 ■ 生活課題の優先順位の考え方

生活課題の優先順位 (例)

❶ 生命の安全性
❷ 生活環境の安全性
❸ 環境因子の未整備など
❹ 社会参加への阻害要因など
❺ 個人因子（実生活と自己実現の乖離など）

↓

生活課題の「重大性」と「緊急性」の検討

ここがポイント！

生活課題は、利用者本人を主語にして表現することがポイントです。また、利用者の状況と照らし合わせて、複数の生活課題がある場合は、優先順位を考えることも大切です。

9 介護計画の立案 (介護目標の設定)

　介護目標の設定とは、生活課題に対して、課題を解決するために、達成目標を立てるということです。介護計画には、「目標」と「期間」と「具体的な方法」を書いていきますので、目標をきちんと立てることは必須です。もちろん、これは介護福祉職の目標ではなく、利用者自身の目標となります。では、目的と目標と手段はどう違うのでしょうか。図で示すと図表2-17のとおりになります。

図表2-17 ● 目的・目標・手段の関係

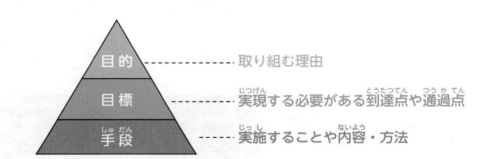

- ●目的：成し遂げようと目指す事柄、取り組む理由。
- ●目標：目的を実現するために、実現する必要がある到達点や通過点。
- ●手段：目標を実現するために実施することや内容・方法。

　たとえば、「温泉に行ってリフレッシュしたい」という思いがあったとします。「目的」は取り組むための理由になりますので、「リフレッシュすること」が目的になります。「温泉旅行に行く」ために準備する金額の「目標」、必要な休暇を取る日数の「目標」が実現する必要がある到達点になります。到達点に達するために、お金を貯めること、有給休暇を取ることが「手段」になります。

　私たちがかかわる利用者の目的は、基本的に「その人の生活的価値（望む生活）の実現」です。そのなかで、生活課題を抽出し、目標を設定します。その目標を達成するために、具体的な支援（方法）という手段を使って、目的の状態に近づけていきます。

　介護目標には「長期目標」と「短期目標」があります。利用者の抱えている生活課題が解決した場合、最終的にどのような生活状態にあることを目指すのか、その状態像を長期の介護目標として表現します。次に、長期目標の達成に必要となる短期の介護目標を生活課題別に設定していきます。図表2-18は、図表2-19の事例を使った目標設定

です。

Eさん：「早く元のように歩いて、自由に買物をしたり遊びに行ったりしたい」
　　　（長期目標）

短期目標1

　　期間：1週間
　　内容：ベッド上で1人で座位を30分間とることができる（めまいがしない）

短期目標2

　　期間：1か月
　　内容：手すりや手すりバーを使用して、起きたり立ち上がったりすることができる

短期目標3

　　期間：1か月
　　内容：歩行器やシルバーカーを使用して、施設内を自由に歩行することができる

短期目標4

　　期間：1か月
　　内容：シルバーカーを使用して隣近所まで自由に外出することができる

出典：介護福祉士養成講座編集委員会編『新・介護福祉士養成講座9　介護過程　第3版』中央法規出版, p.58, 2015年を
　　　一部改変

　短期目標はスモールステップということで、数週間～数か月くらいを目安にします（緊急性を要するものであれば、数日ということも）。一つの短期目標を立てたら、またスモールステップの目標を立てるということを段階的に繰り返し、短期目標が達成されることで、長期目標の状態に近づけていきます。長期目標はだいたい6か月～1年くらいのスパンにして、利用者の生活の望ましい方向を示していきます。

ここがポイント！

目標とは、介護福祉職側の目標ではないので、一方的な押しつけにならないよう、本人とよく話し合った上で、本人の希望や「その人らしさ」「こだわり」を尊重し、一人ひとりの個性を踏まえた目標を設定することが大切です。

10 介護計画の立案（具体的な支援内容・支援方法の決定）

　生活課題が明確になり、短期目標・長期目標を設定したら、次に具体的な支援内容や支援方法を考えていきます。支援内容は、介護福祉職が実際に取り組む内容を記載します。支援方法は、その支援内容を実現させるための具体的な方法ややり方を記載します。

　具体的な支援方法は、実現が可能でなければなりません。また、一方的な支援方法ではなく、利用者本人の同意も必要です。利用者が納得していないと、どんなに素晴らしい支援内容でも、利用者自身は尊厳をおかされているという感覚になってしまいます。それに、利用者のもっている残存能力や潜在力を引き出すことができません。私たちが持ち合わせている知識や技術を総動員させて、誰がみても理解できるように、わかりやすく表現していくことが大切です。

　支援内容や支援方法については、利用者や家族と十分に話し合い、同意を得ます。また、利用者が安心して実行できるよう、環境を整え、声かけの方法等についても、介護福祉職間で統一します。具体的な環境の整え方、声かけの内容も記入していくことをお勧めします。

　さらに、利用者の日常生活を観察しながら、取り組む時間帯、回数、内容、方法等を検討していきます。必要があれば変更や修正も行います。図表2-19に事例を用いた具体例を示しますので、参考にしてみてください。

　大切なことは、その支援内容や支援方法を誰がみても、継続的にできる内容であるということです。その介護職員にしかできない内容だと、その職員が休んだり、配置が変更されたりした場合、利用者を支援できなくなる可能性があります。そうなると、迷惑を被るのは利用者です。ですから、介護職員がチームとして統一した計画用紙や記録用紙を使い、適切な評価につなげていくことが求められます。

ここがポイント！

支援内容・支援方法には、「何のために」「いつ」「どこで」「何を」「どのように」「誰が」行うのか、具体的に計画に書いていきます。統一した声かけや特に留意する声かけがある場合は、きちんと「どのように」「何を」話すかのポイントを記入します。

図表 2−19 ■ 長期目標を実現するための短期目標の設定例

事例

　Eさん（80歳、女性）は、自宅の庭に出るときに段差で転倒して骨折し、しばらく病院に入院していました。退院後は、リハビリの一環で介護老人保健施設に入所しています。「早く家に帰って、元のように歩いて自由に買物をしたい」と望んでいますが、臥床期間が1か月も続いたため、立ち上がろうとするとめまいがして、ふさぎこんでいます。

アセスメント

情報
❶80歳、女性
❷転倒
❸臥床期間が1か月
❹家に帰りたい
❺歩きたい
❻買物が好き
❼立ち上がるとめまいがする

解釈・関連づけ・統合化

❶❷❸❼より
80歳という高齢により下肢筋力が低下し、すり足になって段差でも足が上がらないために転倒したのではないか。骨折での入院で臥床期間が1か月ということから、筋力がさらに低下し、起立性低血圧を起こしていると予測される。ふさぎこんでいる様子が見られるが、このままではますます歩行が不能になってしまうことが考えられる。
❹❺❻より
家に帰り、歩いて買物に行きたいと望んでおり、意欲はみられる。

生活課題	長期目標	短期目標（期間）		具体的な支援方法
転倒の不安なく、歩くことに対する意欲と自信を取り戻したい。	元のように歩いて自由に買物ができる。	①ベッド上で1人で座位を30分間とることができる。	1週間	1）起き上がる前にめまいの有無と体調を確認する。 留意事項：気分が悪いときは血圧を測定する。 2）「ゆっくり起き上がってください」と声をかけ、ふらついたりしないよう見守る。 3）ベッド柵とオーバーテーブルを用意し、座位の安定を確認する。 4）調子が悪くなったらすぐにコールを押すよう、手元に準備する。 5）オーバーテーブルには、買物をしたいと考えている物が掲載されている雑誌等を置いてみる。

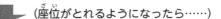（座位がとれるようになったら……）

一つの短期目標が達成できたら、次の短期目標を立て、長期目標の達成に向けて、プロセスを繰り返していく。

生活課題	長期目標	短期目標（期間）		具体的な支援方法
転倒の不安なく、歩くことに対する意欲と自信を取り戻したい。	歩いて自由に買物ができる。	②手すりや手すりバーを使用して、起きたり立ち上がったりすることができる。	1か月	1）ベッドで座位になっているときに「立ち上がってみませんか」と声をかけ、靴を履いていただく。 2）床に足底がついていることを確認し「足を引いておじぎをしながら立ってください」と声をかけ、バランスが崩れないか注意する。 3）ベッド柵を握ってもらい、安定した立位姿勢がとれているか確認する。

（起きたり立ち上がったりできるようになったら……）

生活課題	長期目標	短期目標（期間）		具体的な支援方法
転倒の不安なく、歩くことに対する意欲と自信を取り戻したい。	歩いて自由に買物ができる。	③歩行器やシルバーカーを使用して施設内を自由に歩行することができる。	1か月	1）ベッドで座位になっているときに「今日は施設の中を歩いてみませんか」と声をかけ、本人が了承したら、靴を履いていただく。 2）最初は歩行器を準備し、立位になったところで歩行器につかまっていただき、歩行器の高さを調節する。 留意事項：肘が軽く曲がり、少し前傾姿勢になるように調節する。 3）介護職員は、Eさんの斜め後ろに立つ。 4）歩行の手順は歩行器を先に出してもらい、その次にゆっくり足を出してもらう。 留意事項：歩行器を使用するときは、歩行器と身体の距離が近すぎず、遠すぎないように適度な歩幅でゆっくり前に進むように介助する。 5）慣れてきたら、シルバーカーでの歩行介助も行う。

（シルバーカーでの歩行が可能になってきたら……）

生活課題	長期目標	短期目標（期間）		具体的な支援方法
転倒の不安なく、歩くことに対する意欲と自信を取り戻したい。	歩いて自由に買物ができる。	④シルバーカーを使用して施設から隣近所まで自由に外出することができる。	1か月	1）「今日は天気がいいので外に出てみませんか」と声をかけてみて、本人が了承したら、身じたくの支援を行い、シルバーカーを準備する。 留意事項：シルバーカーのハンドルの高さを、肘が軽く曲がり、少し前傾姿勢になるように調節し、ブレーキをかけることができるかの操作を確認する。 2）カゴに必要な物を入れ、荷物の出し入れができるかを確認する。 3）介護職員は、Eさんの斜め後ろに立つ。 4）事故等に気を付けて、一緒に外出する。 5）施設に戻ったとき、手指洗浄後、水分補給を促す。 6）慣れてきたら、近くのスーパーに欲しい物を買いに行ってみる。

⑪ 介護の実施

「介護の実施」というのは、ただ単に「お世話をする」「三大介護（排泄介助・食事介助・入浴介助）を行う」「利用者に言われたことだけを行う」というのではなく、介護計画に示された介護目標の達成に向けた介護実践ということになります。

介護の実施は、介護過程の中心となる部分で、実際に介護を提供することにより、支援の意義を形にして示す段階でもあります。

適切なアセスメントによって作成された介護計画の実施は、利用者をエンパワメントし、介護本来の目的である、QOL（生活の質）を向上させることができます。介護の実施においては、介護福祉職は「尊厳の保持」「自立支援」「安全・安心」を常に意識する必要があります。

たとえば、「排泄パターンを把握するために、トイレへの定時誘導を行う」という介護計画を実践するためには、具体的な支援方法において次のような配慮が必要となります。

---

❶**トイレまで一緒に行くことを説明し、了解を得る**

「そろそろトイレに行きませんか。私がトイレまで一緒に行きますが、よろしいでしょうか」

・羞恥心に配慮した環境を整える⇦「尊厳の保持」

・利用者自身が自らトイレに行きたいという意向を確認する⇦「自立支援」

❷**本人のペースに合わせて、ゆっくり立ち上がり、歩行する**

「急がなくても大丈夫ですから、自分のペースで歩いてくださいね」

・利用者の潜在力を引き出しながら、的確な介護技術を用いる⇦「安全・安心」

❸**手すりにつかまって歩いていただき、介護福祉職は姿勢の安定を見守るとともに、姿勢が崩れてきたら、姿勢が安定するようにする**

「大丈夫ですか？　私はこちら側に立っていますから、手すりを持ちながら、ゆっくりでいいので、姿勢を保って、トイレに向かいましょう」

・利用者の意欲を引き出すような声かけ⇦「自立支援」

・利用者が安心するような声かけや介護技術⇦「安全・安心」

利用者に適切に声をかけ、納得や同意を得られるよう説明を行い、その上で支援を実施することが基本です。つまり、利用者主体の介護を実現していくためには、介護福祉職はそのつど声をかけて説明を行い、同意を得ることが必要です。

このように、介護計画書に書かれていないような声かけや配慮など、介護の実施のあらゆる場面において、「尊厳の保持」「自立支援」「安全・安心」を念頭においた行動が

求められます。

　ここでいう「安全・安心」の「安全」とは、利用者にとっての安全だけではなく、介護福祉職にとっての安全という意味も含まれます。無理な姿勢をとったり、力任せの介護を行ったりしては、介護福祉職側の身体をこわすことになりかねません。

　ですから、適切に声をかけて丁寧に説明し、同意を得ることは、双方の怪我や事故の防止にもつながります。

　利用者は、必要以上に身構えたり、緊張したりすることもなく、安心して介護を受けることができます。

　介護福祉職も、介護手順やスケジュールを頭の中で整理しながら介護を実施することができるため、事故を未然に防ぐことが可能となります。

ここがポイント！

介護の実施内容については、記録として残していく必要があります。介護の実施（介護実践）の記録は、チームで共有する重要な情報や介護実践の評価測定、実践内容の証明となる大切な資料です。
したがって、記録の内容は、正確で客観的であること、簡潔でわかりやすい表現を用いること、誰にでもわかりやすく書かれていること、誰が書いたかわかることが大切です。

12 評価と修正

　評価とは、介護計画に基づいて介護を実施した結果、計画に盛り込んだ目標がどれくらい達成されたかという成果を客観的に判断することです。評価の目的は、支援の効果を測ることはもちろんですが、そもそも「計画どおりに実施したか」「計画が適切であったか」といったプロセス（過程）を評価するとともに、モニタリング（対象を（継続的に）観察すること）の視点をもつことも大切です。介護の目標の根拠となっている利用者の状況（事実）が、介護実践の開始前から実施後までの期間に、どの部分にどの程度変化があったかを直接観察します。

　介護の実施の評価は、短期目標、長期目標で設定されている期間の終了時に行います。やりっぱなし、かかわりっぱなしではなく、提供している支援が利用者の望む生活を実現しているか、つまり目標達成のために効果を上げているかどうかを確認しながら、利用者本人を含め、利用者にかかわるすべての人が、支援の方向性を見失わないようにするために行います。

　具体的には、「評価」においては、❶計画どおりに実施しているか、❷目標に対する達成度はどうか、❸支援内容・支援方法は適切か、❹実施上の新たな課題や可能性はないかなど、さまざまな角度からの評価・検証を行っていきます。

　評価において、介護目標が十分に達成できていないことがあります。その場合は、なぜ達成できなかったのかを再検討する必要があります。これを「再アセスメント」といいます。再アセスメントにおいて現在の利用者の情報を解釈・関連づけ・統合化し、生活課題を明確にすることによって、課題を解決するための長期目標と短期目標を立て、介護計画を修正していきます。

　このように、評価は介護過程の最終段階として位置づけられていますが、評価の結果によっては、「再アセスメント⇒介護計画の修正と立案⇒介護の実施⇒評価」のプロセスを繰り返していきます。

ここがポイント！

介護過程の展開を繰り返すことにより、利用者の望む生活・人生の実現に近づけていくことが可能となります。

第 **3** 章

介護過程の
展開の実際

・・・・・・・・・・・・・・・・・・・・・・・・・

ここでは、事例の概要と巻末に収載した漫画
『ヘルプマン！』を読んで、実際に介護過程を展
開してみましょう。

漫画『ヘルプマン！』を教材に使う理由

1）漫画『ヘルプマン！』とは？

　漫画『ヘルプマン！』をご存知でしょうか？

　簡単に説明すると、『ヘルプマン！』は、2003（平成15）年から講談社のコミック誌『イブニング』で連載されていた、くさか里樹さんによって描かれた漫画です。主人公は異端児として扱われている訪問介護員（ホームヘルパー）・恩田百太郎です。百太郎は、友人である神崎仁が高齢者介護の道に進んだことをきっかけに、超高齢社会の厳しい現実を目の当たりにしていきます。そして、自らもまた高齢者介護の仕事を始めていくというストーリーです。介護の世界をリアルに描いた社会派漫画で、百太郎がかかわるさまざまな介護現場のリアリティが、これまで多くのリアルヘルプマンたち（介護現場で働く介護福祉職）を励まし続けてきた漫画でもあります。第40回日本漫画家協会賞大賞も受賞している本格的な漫画ですが、非常に介護現場のことが細かく描かれており、なんといっても面白いし、毎回心が揺さぶられます。なんと漫画家のくさか里樹さん自身は、介護経験が無いなかで、鋭い観察力と取材力で、これまで描き続けられているそうです。

　私自身、くさかさんとやり取りすることもあり、特に『ヘルプマン！』の第21巻「震災編」では、2011（平成23）年の東日本大震災において福祉専門職が被災地で何をしていたのかということが描かれていますが、これは私が介護福祉士として、避難者支援で避難所に入ったときに、くさかさんも一緒に避難所に入ったことが漫画に取り上げられています。

写真（左）は、避難所で被災者の方々の似顔絵を描く、くさかさん。写真（右）は、くさかさんと筆者。

『ヘルプマン！』は新生『ヘルプマン!!』として 2014（平成 26）年から 2017（平成 29）年まで、『ヘルプマン!! ―取材記―』として 2017（平成 29）年から 2019（令和元）年まで、朝日新聞出版の『週刊朝日』にて連載されました。ここでも『ヘルプマン!! ―取材記―』第4巻で筆者を主人公にして、漫画を描いてくださいました。

図表 3 - 1 ■ 『ヘルプマン!! ―取材記―』「介護現場1992」

2）漫画『ヘルプマン！』を取り上げる理由

　学生やこれから介護を学ぶ方にとって、事例の理解というのは、なかなか難しいものです。ある程度、現場経験がある方にとっては、文章だけの事例でも利用者の生活のイメージがわくかもしれません。しかし、学生や外国の方で、まだ介護現場に行ったことがない場合は、なんとなくわかったようでも、わからないことが多々あるようです。

　視覚教材のメリットとして、❶学習意欲を高め、動機づけを強化する、❷経験の限界を拡大する、❸現実を再構成する、❹多数の人びとに共通の経験を同時に与える、❺繰り返し利用が可能の五つが挙げられます。特に「言葉のみで説明するよりも具体性の高いものを示して感性的に理解するほうが学習効果も上がり、能率的でもある」こと、「何度でも繰り返し同じ条件で利用できる」ことが漫画の利点と考え、活用しています。漫画が学校教育には馴染みにくいものであることは承知していますが、日ごろ何気なく読んでいる漫画も、授業を通して分析すると全く新しい発見があり、特に今回のように、

漫画を使ってアセスメントを行うことによって、ビデオの視聴よりも、より簡単に手軽に何度も事例を確認することが可能になると考えています。

3）『ヘルプマン！』第2巻について

　本書では、『ヘルプマン！』の第2巻「在宅認知症介護編」（原作漫画では「在宅痴呆介護編」）を、事例として取り上げます。

　本書では、第3章「3　事例の概要と基本情報」（pp.52-57参照）と巻末に収載した『ヘルプマン！』（第2巻抜粋）の第1話（認知症介護）〜第3話（崩壊）（原作漫画では第11話（痴呆介護）〜第13話（崩壊））の部分を使って、登場人物である岡田鹿雄さんの介護計画を立ててみたいと思いますので、一緒に介護過程を展開してみましょう。ちなみに、筆者の勤める大学では、学生たちも『ヘルプマン！』を使って「介護過程」の授業を受けています。

写真（左）は、『ヘルプマン！』を使った授業風景。写真（右）は、介護報酬を計算しながら、鹿雄さんのケアプランを立てている様子。

介護福祉士を養成する先生方の「介護教員講習会」でも実際に体験してもらっています。

『ヘルプマン！』を使った授業は、新聞社の取材がありました。

　漫画『ヘルプマン！』については、初学者にはとても向いている教材だと思います。認知症の高齢者にかかわったことのない方でも想像できる内容になっています。

　私は、介護福祉士になりたいと思って入学した1年生にこの漫画を読んでもらって、介護過程の展開を教えています。描写が細かく、利用者像やとりまく環境などが丁寧に描かれており、情報が散りばめられているので、情報収集の練習には最適です。それに漫画なので、大切な情報には付箋をつけながら、何度も繰り返し読むことができ、事例をイメージしやすいようです。

　また、学生が訪問介護実習に行って「訪問介護計画書」を作成するときにも、『ヘルプマン！』第2巻を活用し、訪問介護計画書の作成の練習を行います。そうなると、何度も鹿雄さんにかかわるため、鹿雄さんが架空の人物でなく、本当に存在しているという錯覚に陥るときもあるようです。

　是非、漫画『ヘルプマン！』を読んで、楽しみながら介護計画を立ててみてください。

本書における学習の進め方

本書では、漫画『ヘルプマン！』を使いながら、アセスメントを行い、介護計画を立案していきます。以下の順にアセスメントから介護計画の立案までを行ってみてください。

❶ まず、岡田鹿雄さんの情報を「アセスメント表（1）」のフォーマット（pp.45-48参照）に記入していきます。鹿雄さんの情報は、下記を読んで、アセスメント（情報収集）してください。

　　1）巻末に収載されている漫画『ヘルプマン！』第2巻（第1話～第3話）
　　2）第3章「3　事例の概要と基本情報」（pp.52-57参照）

❷ 「アセスメント表（1）」の解説は、pp.65-80にあります。

❸ 「アセスメント表（1）」の記入内容を、「ICFを活用した情報収集シート」のフォーマット（p.49参照）にも入れてみて、鹿雄さんの全体像をみてみましょう。

❹ 次に、「アセスメント表（2）」のフォーマット（p.50参照）に記入していきます。

❺ 「アセスメント表（2）」の解説は、pp.86-91にあります。

❻ 最後に、鹿雄さんの介護計画を立案します。「介護計画書」のフォーマット（p.51参照）に記入してみましょう。「介護計画書」のなかの「具体的支援内容・方法」には、手順書が兼ねられるように、具体的に時間や場所、方法、声かけ、注意点等を記入してみましょう。

❼ 「介護計画書」の解説は、pp.94-101にあります。

❽ グループになれる環境でしたら、「介護計画書」を他の人と比べてみて、意見を交換してみましょう。

❾ 意見を参考にしてグループでよりよい鹿雄さんの「介護計画書」を作成し、発表してみましょう。

※ 「アセスメント表（1）」「ICFを活用した情報収集シート」「アセスメント表（2）」「介護計画書」のフォーマットは、自分でまず記入してみて、後から解説を読んでもいいですし、解説を読みながら記入していってもいいでしょう。

アセスメント表（1）

1．心身の状況（健康状態／心身機能・身体構造）

		現在の状況
①	要介護状態区分／障害程度等級	
②	認知症高齢者の日常生活自立度	
③	障害の状況（身体・知的・精神)	
④	現在の主な疾患	
⑤	服薬	
⑥	既往歴	
⑦	平常時のバイタルサイン	
⑧	その他	

2．日常生活の状況（活動）

		現在の状況（本人の思い）
⑨	家事	
⑩	移動	
⑪	身じたく	
⑫	食事	
⑬	排泄	
⑭	入浴・清潔保持	
⑮	睡眠	
⑯	コミュニケーション	

3．豊かさ（参加）

		現在の状況（本人の思い）
⑰	意欲・生きがい	
⑱	余暇の過ごし方	
⑲	役割(家庭／社会)	
⑳	その他	

4．環境（環境因子）

		現在の状況（本人の思い）
㉑	生活環境	
㉒	生活に必要な用具	
㉓	経済状況	
㉔	家族関係	

㉕	サービス（制度）の利用状況	
㉖	その他	

5．その他（個人因子）

		現在の状況（本人の思い）
㉗	価値観・習慣	
㉘	性格（個性）	
㉙	生活歴・出身地	
㉚	特技	
㉛	1日の過ごし方	
㉜	その他	

ICF を活用した情報収集シート

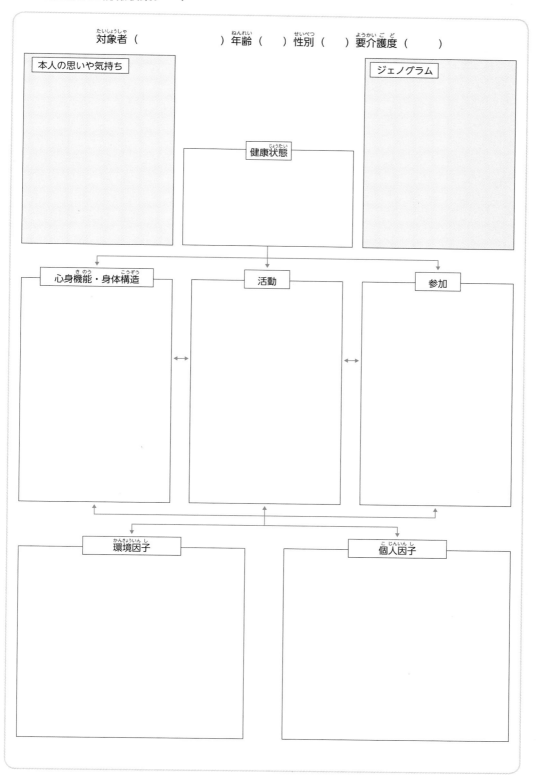

対象者（　　　　　　　　　）年齢（　　）性別（　　）要介護度（　　　　）

本人の思いや気持ち

ジェノグラム

健康状態

心身機能・身体構造　　　　活動　　　　　参加

環境因子　　　　　　　　　個人因子

アセスメント表（2）

アセスメント項目番号	情報の解釈・関連づけ・統合化	生活課題	優先順位

50

介護計画書

長期目標 （期間：　　　）					

生活課題	短期目標		具体的支援内容・方法		頻度
	目標	期間	内容	方法	

事例の概要と基本情報

　本書では、漫画『ヘルプマン！』第2巻に登場する岡田鹿雄さんという人物を例にとって介護過程を展開していきます。まずは、介護過程の最初のステップでもある「アセスメント」を行います。

　第2章でも述べましたが、アセスメントを行うには、まず、利用者に関する情報を集める必要があります。情報収集するためのシート（ツール）はいろいろありますが、本書では、ICF（国際生活機能分類）を活用するツールを使ってみましょう。情報の関係性がわかりやすくなります。いきなりICFの関係図に落とし込むことが難しい場合は、フェイスシートや情報を書き込んでいくシート、または各自のメモなどを活用して、随時、情報収集を進めていきます。

　では、さっそく以下の「1）事例の概要」「2）家族構成・生活歴・現在の状況」と巻末の漫画『ヘルプマン！』（第2巻抜粋）を読んで、必要な情報を集めてみましょう。

1）事例の概要

　アセスメントする対象は、岡田鹿雄さん（77歳・男性）です。年相応の体力低下があり、認知症が進み、徘徊や弄便も目立ちます。妻の絹代さんが3年前に他界した後は、次男の岡田淳次さん（42歳）の家で、淳次さん家族と一緒に暮らしています。要介護認定は受けておらず、介護保険サービスは利用していない状況です。在宅で献身的に介護しているのは、次男の妻である岡田公子さん（40歳）です。認知症の鹿雄さんを、たった1人、付きっきりで介護しており、夫は働きに出ていて、受験生の長女（さつき）や中学生の次女（かえで）は自宅に帰りたがらず、三女（みずほ）はまだ小学生です。

　ある日、負担を抱えて無理を重ねた公子さんが、とうとう倒れ、入院してしまいます。公子さんのおかげで、一切介護にかかわってこなかった淳次さんと娘たちでしたが、公子さんが倒れて1日目、さっそく一家を悲劇が襲います。淳次さんはたまらず、鹿雄さんの介護について相談するため、長男の耕一さん（49歳）、三男の憲三さん（37歳）を緊急招集します。

　「うちは無理よ、淳ちゃん！　わかるでしょ!?」と、拒否反応全開なのは長男の妻である幸江さん（48歳）。「オレだって無理だよ！」と、雑誌の編集で大忙しの憲三さん。荒れ模様の家族会議でしたが、憲三さんが仕事道具のノートパソコンで介護保険について調べて、介護保険サービスを利用しようということで話がまとまりました。「介護保

険さえありゃ大丈夫さ！　介護保険さまさまだよ！」「こんないい制度を知っていたら、もっと早く入っとくんだったよ！」と、心配と不安が大逆転して上機嫌の淳次さんです。どうやら介護保険を利用すれば、丸一日、鹿雄さんの面倒をみてもらえる、家族は何もしなくていいと思ったみたいです。

そして、なんとか利用が始まった訪問介護（ホームヘルプサービス）も、ちょっと心配です。訪問介護員（ホームヘルパー）はベテランっぽい人が派遣されてきましたが、「契約した内容（ミッション）」はそつなく行うものの、あくまで契約したことしかしてくれません。具体的にいうと、10時におむつ交換をする、11時に食事を食べさせる、13時におむつ交換をする、あとは鹿雄さんが使用している部屋の掃除をするのみで、それ以外のことは行いません。家族のこともやってもらえると思っていた淳次さんですが、それはしてもらえず、公子さんのいない家の中は、片付かないし、鹿雄さんのお尻は便による汚染でただれて、認知症も悪化の一途をたどります。

退院してきた公子さんは、鹿雄さんのお尻がただれていることに気づきます。そのときはそのまま見て見ぬふりをしてしまうのですが、悪いことは重なり、ある日、新人のホームヘルパーが派遣されてきたときに鹿雄さんが大暴れしてしまいます。新人のホームヘルパーはその場で辞めてしまい、訪問介護事業所からは「あまり問題行動がひどいかたの介護はうちではやっておりませんので……」とサービス打ち切りの連絡が入ります。

介護支援専門員（ケアマネジャー）が動いて、別の訪問介護事業所からホームヘルパーが派遣されてくるようになりましたが、どうも介護の質は低いようです……。でも、またサービスを打ち切られるのも困るので、家族も強く言うことができず、言いたい気持ちを飲み込んでしまいます。

また、通所介護（デイサービス）を利用したものの、鹿雄さんは大暴れして職員に怪我をさせてしまい、またもやサービスが利用できなくなってしまいます。さらに、公子さんが鹿雄さんをデイサービスから連れて帰ろうとタクシーで自宅に戻ろうとしたとき、鹿雄さんが運転中の運転手さんに襲いかかるという追い打ち。「悪いけどここで降りて！」と、強制的に途中で降ろされて途方に暮れていると、今度は鹿雄さんが裸になってしまい、公衆の面前で脱糞してしまいます。

「もう……死んでしまいたい!!!」と公子さん……。

そこで、ようやくヘルプマン・百太郎の登場です。なぜか橋の上から川にダイブ！……からの、スイム！　そして、濡れた上着を脱いで、それで鹿雄さんのお尻をキレイに（？）拭きます。

「げっ」「服で拭いた……！」と、野次馬ギャラリー。

「やめて下さいっ」と、公子さん。

そんな公子さんに対して、百太郎はあっけらかんと……。

「気にしない気にしない！　オレだって……、今、白い目で見てるやつらだって、年取りゃみーんなおむつはいて人のお世話になるんです！　お互い様なんだから、でかい顔してりゃいいんすよ!!」

そんな百太郎の言葉が、公子さんの胸に刺さり、ホームヘルパーをやっている百太郎にホームヘルプサービスの指名を入れます。

百太郎が一家に介入すると、鹿雄さんと公子さんの生活が一気に改善します。百太郎は、鹿雄さんにとって仕事が生きがいだったことを知り、鹿雄さんが経営していたスーパーに連れていきます。そこで安心したような、嬉しそうな表情を見せる鹿雄さん。百太郎は鹿雄さんの心の居場所がここであることを確信します。百太郎は、鹿雄さんとかかわるなかで、一生懸命、家族を守って生きてきた父親としての鹿雄さん、小さいながらもスーパーを経営し、なじみのお客さんから愛されてきた働き者の鹿雄さん、昔から風呂好きで、風呂では大声で歌う陽気な鹿雄さん、風呂上りのビールが大好きだった鹿雄さん、元気だった頃の鹿雄さんの姿を、家族に思い出させてくれたのです。百太郎が1人で頑張るのではなく、淳次さん一家を「再生」させて、長男の耕一さん夫婦の協力を得て、鹿雄さん本人・家族・親族みんなの心を救います。そして百太郎が抜けても、一家で鹿雄さんの介護ができる環境をととのえることを、見事やってのけました。詳しくは是非『ヘルプマン！』第2巻全話を読んでみてください（※現在は、電子書籍版『ヘルプマン！』第2巻が販売されています。各電子書店から購入できます）。

2）家族構成・生活歴・現在の状況

プロフィール

氏名：岡田鹿雄さん

性別：男性

生活環境：在宅

年齢：77歳

要介護度：要介護1

認知症高齢者の日常生活自立度：Ⅲa相当

障害高齢者の日常生活自立度：A2相当

① 家族構成・生活歴

自営業としてスーパーを営み、絹代さんと結婚後3人の息子に恵まれる。スーパーは近所でも評判の店で、鹿雄さんは人望も厚く、子煩悩で優しく働き者であった。

３年前に妻を亡くし独居となり、認知症の症状が出はじめ、スーパーの経営は長男夫婦（耕一さん（49歳）・幸江さん（48歳））に譲り、１年半前から団地で次男夫婦（淳次さん（42歳）・公子さん（40歳））と孫３人（さつき（高校生）・かえで（中学生）・みずほ（小学生））と同居となる。日中は公子さんが介護しているが、認知症の症状がひどくなり、夜間の騒音などで近所から苦情が来ている。

　公子さんが過労により入院となったため、介護保険の要介護認定を受け、サービスの利用が開始となる。

② 現在の状況

【健康状態】

認知症：認知症による見当識の低下、異食、徘徊、介護拒否、昼夜逆転、暴力行為、
　　　発語障害、自傷行為等がみられる。

殿部のびらん：おむつかぶれによる殿部のびらんがみられる。

視力：日常生活において、特に支障はない。

聴力：日常生活において、特に支障はない。

服薬：内服薬を飲んでいる。

【日常生活の状況】

移動：寝返り、起き上がり、立ち上がり、歩行は自立。手すりにつかまれば階段の上り下りができる。屋外では、杖歩行が可能であるが、介助が必要である。

身じたく：衣服の着脱は介助が必要である。靴は自分で履ける。ズボンとおむつは自力で脱ぐことができる。

食事：スプーン等の自助具があれば自力摂取は可能であるが、食べこぼしが多い。食事形態は、主食はおかゆ、副食は刻み食である。嚥下も咀嚼も問題はない。食事中は座位姿勢がとれる。昔は酒（ビール）を好んでいた。

排泄：尿意・便意があるが、失敗することが多いため、おむつを使用している。しかし、トイレ誘導を行えば、洋式トイレにて排泄が可能である。また、見当識障害と下肢筋力の低下により、トイレに間に合わず、途中でズボンを下ろし、トイレ以外の場所での排泄がみられる。おむつの不快感がわかっていて、自分でおむつを外してしまうこともある。立小便ができる。

入浴・清潔保持：シャワーチェアを使用して対応し、湯船に入るときは、バスボードを利用している。洗身・洗髪も介助にて対応。

睡眠：昼夜逆転している傾向がある。昼間にソファーに座ってうとうとすることがある。昼間に寝てしまうと夜中に徘徊してしまう。

コミュニケーション：発声はあるものの、発語はほとんどみられない。声かけに対しては、うなずきや表情の変化がみられる。昔商売をしていたなごりなのか、お客さんに対して接客しようとする姿が見られる。また、その際には「ようおこしくださいました」「いらっしゃい」と発語したことがある。不満やストレスを感じると自傷行為や他者への暴力、大声を出すことがある。

サービス利用の状況：ホームヘルプサービスやデイサービスを利用したが、暴れるなどで事業所側から利用を拒否されている。

【経済状況】
　介護保険料、介護保険自己負担分、紙おむつ代なども含めて次男夫婦の収入に頼っている。淳次さんは整備工場勤めである。しかし、長女が来年大学受験のため、経済的な余裕はない。

【性格】
　頑張り屋で頼りになる一家の大黒柱。子煩悩で陽気な一面もある。若い頃は、仕事が趣味のような人で、接客も得意とし、仕事熱心で真面目な性格であった。

【習慣】
・小さな縁も大事にし、五円玉を貯めていた。
・そろばんで肩をたたく癖があった。
・喫煙習慣があった。

【鹿雄さんの思い】
・鹿雄さんは自分が老いてしまったこと、妻に先立たれたこと、また家族のなかで誰にも必要とされていないことを嘆いている様子がみられる。
・おむつを不快に感じており、おむつを外したいと思っている。
・自分が経営していたスーパーに行ってみたいと思っている。
・鍵のかかった玄関から外に出たいと思っている。
・思うように自分でできなくなっていることを情けなく思っている。
・もっと人とかかわり、周りの笑顔が見たいと思っている。

【家族の思い】
・公子さんは子どもたちを可愛がってくれた祖父を施設で寂しく死なせたら申し訳ないという気持ちがある。

【最近の様子】

　主な介護者である公子さんが過労で倒れ、入院したことをきっかけに、介護保険サービスを利用しはじめたが、鹿雄さんがホームヘルパーやデイサービスの職員に暴力をふるうことにより事業所から拒否されている。

ICF（国際生活機能分類）を活用した情報収集

1）一般的な ICF の相互関係図

　第2章「6　ICF（国際生活機能分類）に基づいた情報収集」でも示しましたが、ICF の構成要素に具体的にどのような情報を入れるのかを可視化したものが、図表3-2となります。

図表3-2 ■ ICF を活用した関係図

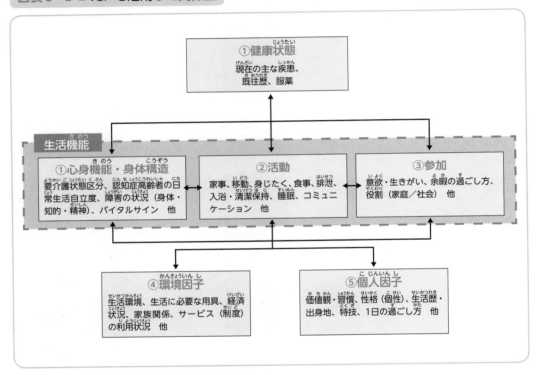

2）ICF を 10 分類に分けた関係図

　ICF は、実際には「心身機能・身体構造」「活動」「参加」に整理される生活機能とその障害、すなわち「機能障害（構造障害を含む）」「活動制限」「参加制約」があり、「環境因子」にも、「環境因子（促進因子）」「環境因子（阻害因子）」があります。これに「健康状態」と「個人因子」という構成要素を加えると 10 の要素になるということで、

10分類で相互作用をみていくツールでもあります（図表3-3）。

図表3-3 ■ ICF を10分類に分けた関係図

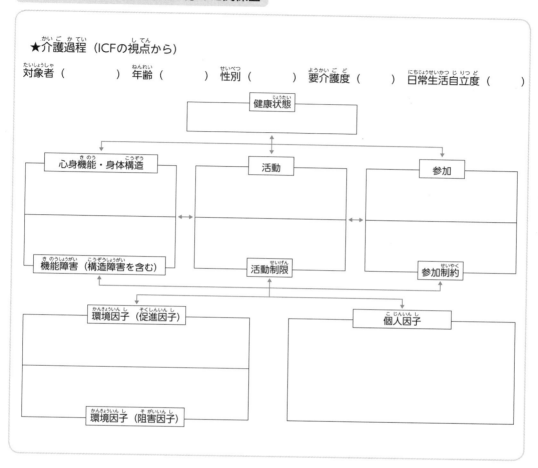

★介護過程（ICFの視点から）

対象者（　　　　　）　年齢（　　　　　）　性別（　　　　　）　要介護度（　　　　　）　日常生活自立度（　　　　　）

健康状態

心身機能・身体構造　　　　活動　　　　参加

機能障害（構造障害を含む）　　　　活動制限　　　　参加制約

環境因子（促進因子）　　　　個人因子

環境因子（阻害因子）

3）「ICF を活用した情報収集シート」の記入方法

「ICF を活用した情報収集シート」（p.49 参照）の記入は、「アセスメント表（1）」を基に行います。

「アセスメント表（1）」の①～㉜までのアセスメント項目の「番号」と「内容」を、「ICF を活用した情報収集シート」に記入していきます（p.83 の記入例参照）。

4）ICF の構成要素の関係図をアレンジしたもの

今回、本書では使用しませんが、筆者が勤めている大学では、ICF を図表3-4のような形にして、情報収集を兼ねて使用しています。Aが個人因子、Bが健康状態と心身

機能・身体構造、Cが活動と参加、Dが環境因子です。

ICFは、構成要素が互いに作用しながら、人が生きることの全体像を表しています。またICFは、医療・保健・福祉などのサービスの場面で、専門職間および、利用者・家族と専門職間の相互理解と連携のツールとして用いることのできる「共通言語」ともいわれています。このことから、本書では、ICFを活用した情報収集と情報の整理を行っていきます。本書では、ICFに基づいて情報を整理できる、『最新 介護福祉士養成講座9 介護過程』（中央法規出版、2019年）や『介護福祉士実務者研修テキスト第3巻 介護Ⅱ──介護過程 第2版』（中央法規出版、2020年）で使用されているアセスメント表に情報を入れていきます。

図表3-4 ■ スタンダード・介護計画作成シート

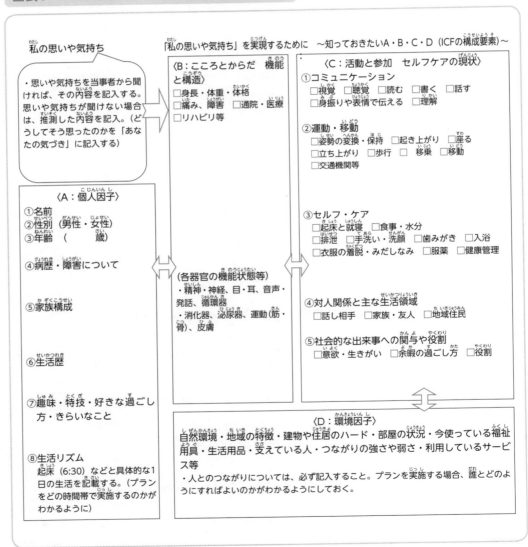

出典：東洋大学ライフデザイン学部生活支援学科介護福祉士コース

5 ジェノグラムを書いてみよう

1）ジェノグラムを書いてみよう

　ジェノグラムとは一般的には家系図のことですが、社会福祉においては、支援者が利用者を中心とした家族関係を理解するために作成する図のことです。これを書くことで、視覚的な効果が期待され、課題抽出や支援者・関係者の情報を整理するツールとしても大きな役割を果たすことができます。巻末に収載されている漫画『ヘルプマン！』（第2巻抜粋）と第3章「3　事例の概要と基本情報」（pp.52-57参照）を読んで、鹿雄さんをとりまく関係図を書いてみましょう。

2）エコマップとの違い

　エコマップは、利用者やその家族を中心に、その周囲にある関係者や社会資源の相関関係を表した図です。

　ジェノグラムでは、家族関係を整理することで、支援を通して働きかけるべきキーパーソンを見つけるのに役立つといわれています。一方、エコマップは、現状の相関関係を整理することで、今後の支援で有効活用できる社会資源を見つけやすくなるという効果があります。

対象者：鹿雄さん（77歳）

妻：絹代さん（3年前に他界）

長男：耕一さん（49歳）　長男の妻：幸江さん（48歳）

次男：淳次さん（42歳）　次男の妻：公子さん（40歳）

淳次さんと公子さんの子どもたち

みずほ（小学生）かえで（中学生）さつき（高校生）

三男：憲三さん（37歳）　独身

図表 3-6 ■ ジェノグラムの例

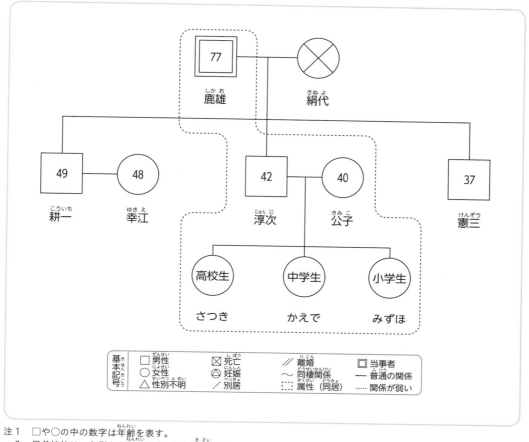

基本記号
- □ 男性
- ○ 女性
- △ 性別不明
- ⊠ 死亡
- △ 妊娠
- ／ 別居
- ／／ 離婚
- 〜 同棲関係
- ⬚ 属性(同居)
- □ 当事者
- ─ 普通の関係
- ‥‥ 関係が弱い

注 1　□や○の中の数字は年齢を表す。
　 2　兄弟姉妹は、左側から年齢の高い順に記載する。
　 3　淳次の年齢は、漫画では不明だが、文脈から42歳に設定している。

ここがポイント!

ジェノグラムは、基本情報として必須のものです。聞き取ったものを整理しながら、ジェノグラムを作成していくのではなく、相談の時点で、話を聞きながら、メモ用紙に書き出せるように書き方に慣れておきましょう。

6 アセスメント（情報収集）を行ってみよう

　ここからは、ICF（国際生活機能分類）の構成要素である「健康状態」「心身機能・身体構造」「活動」「参加」「環境因子」「個人因子」をそれぞれ図表3-7のように置き換え、全部で32個のアセスメント項目に分類していきたいと思います。

　pp.45-48に「アセスメント表（1）」のフォーマットがありますので、最終的にそのフォーマットが記入できるように情報収集を行ってみましょう。

図表3-7 ■ アセスメント表（1）のアセスメント項目

ICFの構成要素	アセスメント表(1)の分類	アセスメント項目
健康状態／心身機能・身体構造	1．心身の状況	①要介護状態区分／障害程度等級 ②認知症高齢者の日常生活自立度 ③障害の状況（身体・知的・精神） ④現在の主な疾患 ⑤服薬 ⑥既往歴 ⑦平常時のバイタルサイン ⑧その他
活動	2．日常生活の状況	⑨家事 ⑩移動 ⑪身じたく ⑫食事 ⑬排泄 ⑭入浴・清潔保持 ⑮睡眠 ⑯コミュニケーション
参加	3．豊かさ	⑰意欲・生きがい ⑱余暇の過ごし方 ⑲役割（家庭／社会） ⑳その他
環境因子	4．環境	㉑生活環境 ㉒生活に必要な用具 ㉓経済状況 ㉔家族関係 ㉕サービス（制度）の利用状況 ㉖その他

個人因子	5．その他	㉗価値観・習慣 ㉘性格（個性） ㉙生活歴・出身地 ㉚特技 ㉛1日の過ごし方 ㉜その他

1）アセスメント表（1）の解説

① 心身の状況（健康状態／心身機能・身体構造）

【健康状態】

　まず「健康状態」からです。健康状態には、疾患、障害、変調、妊娠、ストレス状態など幅広い概念を含みます。個人の「生活機能の低下」をもたらすあらゆる変化が「健康状態」の状況として捉えられます。高齢期には、特に健康状態に留意する必要があります。

　鹿雄さんは、軽度の認知症ということのようです。そして、要介護1です。

【心身機能・身体構造】

　生命の維持に直接関係する、身体・精神の機能や構造のことで、心身機能として、手足の動き、精神の働き、視覚、聴覚、内臓の働きなどが挙げられます。身体構造とは、手足や心臓の一部（弁など）など身体の部分のことをさします。心身機能・身体構造は、「活動」につながることが多いので、ここで意識的に確認しておくことが必要です。

　たとえば、加齢による筋力の低下により歩行能力が低下していきます。それだけでなく、足の爪の異常のために歩行能力が低下する場合もあります。足の爪は、立っているときに身体を支えているため、爪に異常があるとスムーズに歩行ができなくなってしまいます。これらのことも含めて、注意深く観察し些細な変化に気づくことが大切です。

　漫画を読んでいくと、身体・精神の機能について、細かく描写されていますので、細かく挙げてみましょう。

　たとえば、鹿雄さんには特に麻痺は無く、上肢・下肢を動かすことはでき、見えたり、聞こえたりはしているようです。

　また、言語理解力の低下はあるようですが、発語があり、他人を認知することはできているようです。

　このようなことを、「健康状態／心身機能・身体構造」の枠の中に入れていきます。

図表3-8 ■ アセスメント表（1）——心身の状況（健康状態／心身機能・身体構造）

		現在の状況
①	要介護状態 区分／障害 程度等級	要介護1
②	認知症高齢 者の日常生 活自立度	Ⅲa相当

③	障害の状況 （身体・知的・精神）	● Ａ２相当 ● 四肢を動かすことができる。 ● 麻痺はみられない。 ● 言語理解力の低下はあるが、発語がみられる。 ● 円背がある。 ● 下肢筋力の低下がみられる。 ● 視力は日常生活に支障はない。 ● 聴力は日常生活に支障はない。 ● 他人を認知することはできる。 ● 嚥下や咀嚼には問題はみられない。 ● 便意や尿意を訴えることが難しい。
④	現在の主な疾患	認知症（せん妄や徘徊がある。場所の見当識の低下、理解力の低下がみられる）
⑤	服薬	内服薬を飲んでいるが、種類は不明
⑥	既往歴	不明
⑦	平常時のバイタルサイン	不明
⑧	その他	● 公子さんより少し低めの身長である。 ● 体格が良いので、筋肉の付きが良いと思われる。 ● おむつを替えないと皮膚がただれやすい。

② 日常生活の状況（活動）

　活動とは、生きていくのに役立つさまざまな生活行為のことです。活動には、歩く、食べる、排泄するなどの ADL（日常生活動作）、家事をする、仕事をする、電車に乗るなどの IADL（手段的日常生活動作）、趣味、スポーツなどの余暇活動が含まれます。ここでは、⑨家事、⑩移動、⑪身じたく、⑫食事、⑬排泄、⑭入浴・清潔保持、⑮睡眠、⑯コミュニケーションから考えていきます。

　では、鹿雄さんの活動をみていきましょう。

		現在の状況（本人の思い）
⑨	家事	公子さんがすべて行っているようである。
⑩	移動	● 自力歩行は可能であるが、足取りが悪いため、支えが必要である。 ● 外出の際は、左手でＴ字杖を使用して歩行する。 ● トイレに行くときは、自分で歩いて行くことがある。 ● 何かにつかまって立ち上がったり、しゃがんだりできる。 ● ソファーやいすに座っているときの姿勢保持は可能である。

⑪	身じたく	● 衣類の着脱については、介助が必要であるが、促し等の支援があれば自分で着脱可能である。 ● 靴は自力で履ける。
⑫	食事	● 食事はスプーンを使用することにより、自力で摂取することができる。右利き。嚥下に問題はない。食欲はあるようである。 ● 食事形態は、主食はおかゆや雑炊のようなもの、副食は刻み食や柔らかいもののようである。 ● 食事中は、エプロンを使用している。

⑬	排泄（はいせつ）	● 普段（ふだん）はおむつを使用している。しかし、本人はおむつを不快（ふかい）と感じている。 ● 尿意（にょうい）や便意（べんい）を訴（うった）えることはない。しかし、タイミングをみてトイレ誘導（ゆうどう）すると排泄（はいせつ）は可能（かのう）である。 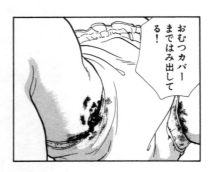
⑭	入浴・清潔（せいけつ）保持（ほじ）	● 介助（かいじょ）があれば、入浴は可能（かのう）である。 ● バスボードとシャワーチェアを使用している。 ● 昔は風呂（ふろ）好きで、風呂（ふろ）に浸（つ）かって歌っていた。風呂上（ふろあが）りのビールが好きであった。 
⑮	睡眠（すいみん）	● 昼間はソファーに座（すわ）っていることが多く、そこでうたた寝（ね）をすると夜間眠（ねむ）れなくなり、夜中に徘徊（はいかい）してしまう。日中に活動をすると、夜の寝（ね）つきがよくなる。 ● 布団（ふとん）で寝（ね）ている。

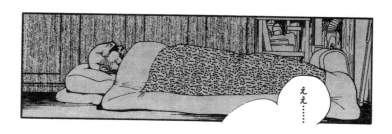

⑯	コミュニ ケーション	● 言語によるコミュニケーションは難しい。 ● 人の話を理解することは難しいようであるが、わかりやすく、ゆっくりと説明すると少しは理解することができる。 ● 昔のなごりからか、お客さんに対して接客しようとする姿が見られる。 ● 「ようおこしくださいました」「いらっしゃい」と発語することがある。

　「活動」とは、内容豊かな生きがいのある生活を送るために必要なさまざまな生活行為のことです。これが老化や障害などの原因で困難になって自立して行えなくなったときに必要となるのが介護です。ですから、介護の直接的なターゲットは「活動」です。そして、「活動」と次に紹介する「参加」は表裏一体でもあります。1日の一つひとつの生活行為（活動）の積み重ねが「参加」につながっているのです。「参加」の具体像が生活行為（活動）だといえます。

③ 豊かさ（参加）

　ICF（国際生活機能分類）でいう「参加」は、「地域の活動に参加する」「レクリエーションに参加する」などの単なる「参加」だけではなく、仕事・家庭内、人生においてなんらかの役割をもつことも含みます。たとえば、職場での役割、主婦の役割、家族の一員としての役割、地域社会（町内会や交友関係）のなかでの役割、その他いろいろな

社会参加のなかでの役割です。つまり、「生きること」の側面を捉えたものであり、広
範囲のものをさします。ここでは、⑰意欲・生きがい、⑱余暇の過ごし方、⑲役割（家
庭／社会）、⑳その他から考えていきます。

　では、鹿雄さんの参加をみていきましょう。

図表 3 -10 ■ アセスメント表（1）——豊かさ（参加）

		現在の状況（本人の思い）
⑰	意欲・生きがい	● 妻が亡くなって、生きがいをなくしている。 ● 物事への関心・興味があまりなく、意欲がわかないようである。
⑱	余暇の過ごし方	● 1日中、ぼーっとソファーに座っているか、公子さんと散歩に出ている。何度も自分で外に出ようとする行動がみられ、外に出たいと思っている。

⑲	役割（家庭 ／社会）	● スーパーを経営していた頃は、接客を行うとともに、店や家族のなかで中心的存在であったと考えられる。 ● 現在は、家族関係が希薄である。 ● 孫たちから敬遠され、息子や嫁たちも父親を避けているようにみえる。家族のなかで厄介な存在とされている。

⑳	その他	

　現在、鹿雄さんの参加はかなり制約されている状況であります。参加制約の理由は、活動が制限されており、その原因は、心身機能・身体構造にある場合もあります。「参加制約」や「活動制限」の改善が、生活機能に与える影響を意識してみていく必要があります。

　この生活機能を構成する「心身機能・身体構造」「活動」「参加」は、双方向性ということが大事で、心身機能の低下は活動を制限することもありますが、活動が活発になれば、心身機能が回復することもあり、社会参加が進めば、活動や心身機能の低下が軽快

することもあります。たとえば、脳卒中、統合失調症、ダウン症の人などは、社会参加することにより活動や心身機能が向上していく可能性があります。双方向性を参加⇔活動⇔心身機能・身体構造と読み取ることもできます。

　このようなことから、最近の介護予防の考え方は、「参加」を重視しており、機能回復としての訓練型より、社会参加していくことで、活動や心身機能・身体構造が改善していくことに期待を寄せています。

　次に、背景因子といわれる「環境因子」「個人因子」をみていきます。背景因子とは、生活機能に大きな影響を与える因子のことで、内容によっては、生活機能の低下の原因となるものです。背景因子は、「環境因子」と「個人因子」の二つの因子からなります。環境因子は、その人をとりまく人的・物的な環境すべてをさします。個人因子は、その人に固有の特徴をさします。たとえば、年齢、性別、民族、学歴、価値観など、個人因子は非常に多様です。個人因子はその人の「個性」ともいえる重要な因子です。

④ 環境（環境因子）

　環境因子は、「人々が生活し、人生を送っている物的な環境や社会的環境、人々の社会的な態度による環境を構成する因子のことである」と定義されています。その特徴として「この因子は個人の外部にあり、その人の社会の一員としての実行状況、その人の課題遂行能力、またはその人の心身機能・身体構造に対して、肯定的な影響または否定的な影響を及ぼしうる」と説明されています。つまり、環境因子には物理的・社会的・態度的なすべての環境が含まれるということです。

　ここでは、㉑生活環境、㉒生活に必要な用具、㉓経済状況、㉔家族関係、㉕サービス（制度）の利用状況、㉖その他から考えていきます。

　それでは、環境因子をみていきましょう。

		現在の状況（本人の思い）
㉑	生活環境	● 3DK の団地に 6 人で住んでいる。エレベーターがついていない可能性がある。玄関には鹿雄さんが出られないように鍵をかけている。
㉒	生活に必要な用具	● おむつ、T 字杖、バスボード、シャワーチェア、手すり、トイレ用手すりを利用している。

㉓	経済状況	● 介護保険料、介護保険自己負担分、紙おむつ代なども含めて次男夫婦の収入に頼っている。 ● 淳次さんは整備工場勤めである。しかし、長女が来年大学受験のため、経済的な余裕はない。 
㉔	家族関係	● 妻と死別し、次男夫婦家族（夫婦、孫3人）と同居している。別居している長男は家業（スーパー経営）を継いでいる。主介護者は次男の妻であるが、介護ストレスから倒れ、入院歴がある。次男や孫による直接的な介護協力は得られにくく、家族関係は希薄になっている。長男の妻は直接的介護だけでなく、経済的支援にも非協力的である。

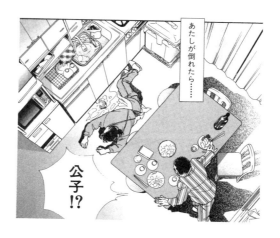

㉕	サ ー ビ ス （制度）の 利用状況	● 要介護1という要介護認定が出たため、介護保険の訪問介護（ホームヘルプサービス）・通所介護（デイサービス）を利用したが、スムーズな利用に至っていない。  
㉖	その他	

⑤ その他（個人因子）

　個人因子とは、個人の人生や生活における背景であり、年齢、性別、民族、学歴、価値観、ライフスタイル、体力、習慣、職業歴、生活歴、性格などが含まれます。特に生活歴は、その人がどのように生き、どのように暮らしてきたかの歴史です。現在は認知症を発症しているかもしれませんが、生活歴は本人のなかに息づいています。それはその人の根っこであり、安心できる拠りどころです。これを起点に考えることで症状や行動の理由がわかり、対応の道筋がみえてくることがあります。

　ここでは、㉗価値観・習慣、㉘性格（個性）、㉙生活歴・出身地、㉚特技、㉛１日の過ごし方、㉜その他から考えていきます。

　それでは、個人因子をみていきましょう。

図表 3 –12 ■ アセスメント表（1）——その他（個人因子）

		現在の状況（本人の思い）
㉗	価値観・習慣	● スーパーを経営していたこともあり、地域や縁を大切にしていた。 ● 験かつぎで五円玉を貯めていた。 ● そろばんで凝った肩をたたく習慣があった。

㉘	性格（個性）	● 仕事熱心で働き者であった。 ● 風呂では大声で歌う陽気な社交家であった。 ● 子煩悩な性格で、息子や地域の子どもを可愛がっていた。 ● 頑固だけど、頼りになる大黒柱であった。 ● 自分のペースを乱されたり、相手に想いが伝わらないときに、自傷行為を行うシーンがいくつかみられる。 
㉙	生活歴・出身地	● 自営業としてスーパーを経営しながら、絹代さんと結婚後、3人の息子を育て上げる。現在は長男が継いで経営している。 ● 3年前に妻が他界した。 

㉚	特技	● タバコ、酒が好きであった（特に風呂上りのビール）。 ● 仕事が趣味というくらい働き者であった。

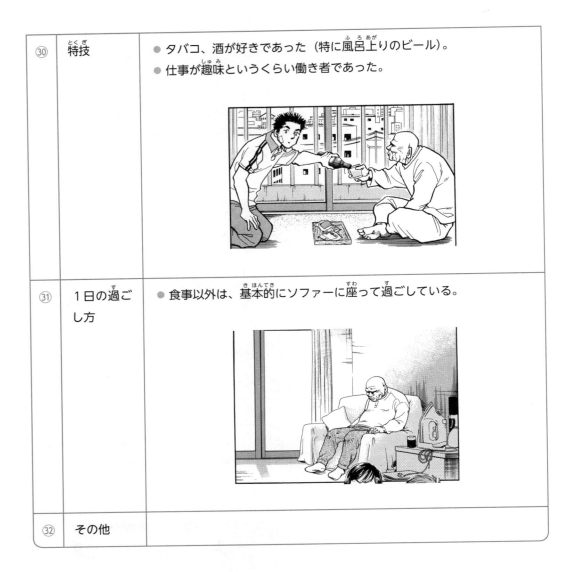

㉛	1日の過ごし方	● 食事以外は、基本的にソファーに座って過ごしている。
㉜	その他	

2）本人の思いや気持ち

　次に、鹿雄さん本人の思いや願いなどについて考えてみましょう。

　鹿雄さんの思いを客観的な情報として収集することはできませんが、「アセスメント表（1）」に沿って情報収集していくと、鹿雄さんという人間の全体像がみえてきます。

① 自分のことは自分でしたいと思っているのではないだろうか

　自分のペースではないときに、不穏になることが多くみられます。こればかりは、漫画ですので鹿雄さんの思いを聞くことは難しいですが、自分のペースを乱されたり、相手に思いが伝わらないときに、自傷行為がみられます。スーパーを経営し、妻を頑張って支えてきた鹿雄さんだからこそ、自分が今できなくなっていることを情けなく感じて

いるのではないかと思われます。

② おむつを外したいと思っているのではないだろうか

　鹿雄さんは、デイサービスからの帰りなどに自分でおむつを外してしまいます。おむつを不快だと感じているのではないでしょうか。また、公子さんがタイミングよくトイレに誘導すると、トイレでの排泄は成功しているということもあり、鹿雄さんはおむつを外したいと思っているのではないでしょうか。

③ 「外に出たい」「自分の働いていたスーパーに行きたい」と思っているのではないだろうか

　鹿雄さんが何度も外に出たがっているシーンがあります。どこに行こうと思っているかは、はっきりとはわかりませんが、百太郎が鹿雄さんを経営していたスーパーに連れていったとき、ホッとしているような嬉しそうな表情が見られたので、昔働いていたところ、自分の居場所があったところに行ってみたいと思っているのかもしれません。

④ もっと家族からも必要とされたいし、多くの人とかかわりたいと思っているのではないだろうか

　いつも、家族の中心にいた鹿雄さんですが、今は、孫も寄り付かない状況で家族崩壊の危機です。妻の絹代さんにも先立たれていますので、寂しいし、もっと家族から必要とされたいと思っているのではないでしょうか。また、スーパーで多くの人とかかわってきた鹿雄さんなので、公子さんとの1対1の日常だけでなく、多くの人とかかわりたいと思っているのではないでしょうか。
　これらをICFの関係図に入れるとICFの情報収集は完成します。

3）ICFを活用した情報収集シートの解説

　では、ここまでの「アセスメント表（1）」の情報を、ICFの関連図に落とし込んで立体的に組み立てます。ICFの構成要素ごとに「アセスメント表（1）」で収集した情報の番号と内容を、ICFの関連図にそのまま入れていきます（図表3-13）。これは、番号がわかるようにしておくことで、情報を解釈・関連づけ・統合化するときに、「アセスメント表（1）」のどの情報からどの内容のイメージをもったのか、その思考過程をわかりやすくするためです。ICFの関連図ですべての情報を一度に見られるようにすると、「アセスメント表（1）」では見えてこなかったICFの構成要素ごとの情報の関係性が見やすくなり、利用者の生活像をイメージしやすくなります。これは、次のステップで情報の解釈・関連づけ・統合化をするために有用です。
　ICFの「健康状態」については、現時点では、公子さんが「ボケちゃって……」と話しているシーンから「認知症」という疾患・障害が推測されます。
　「心身機能・身体構造」については、漫画のあらゆるところから読み取ることが可能

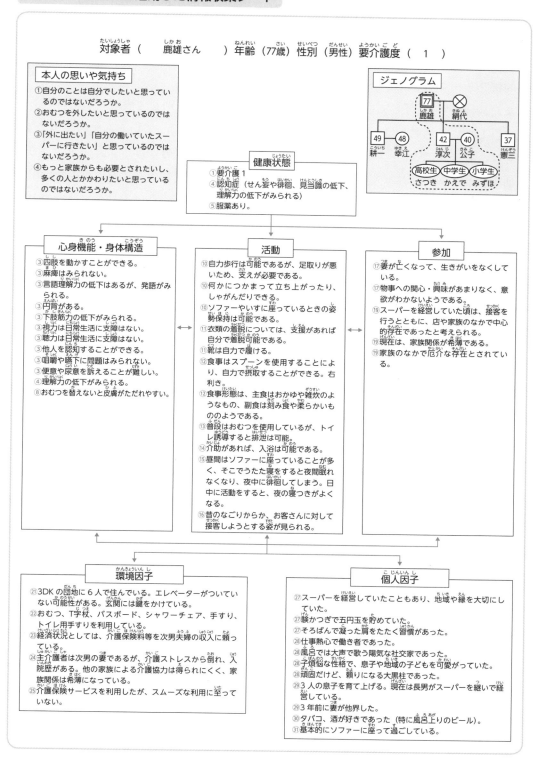

対象者（　　鹿雄さん　　）年齢（77歳）性別（男性）要介護度（　　1　　）

本人の思いや気持ち

①自分のことは自分でしたいと思っているのではないだろうか。
②おむつを外したいと思っているのではないだろうか。
③「外に出たい」「自分の働いていたスーパーに行きたい」と思っているのではないだろうか。
④もっと家族からも必要とされたいし、多くの人とかかわりたいと思っているのではないだろうか。

ジェノグラム

健康状態

①要介護 1
④認知症（せん妄や徘徊、見当識の低下、理解力の低下がみられる）
⑤服薬あり。

心身機能・身体構造

③四肢を動かすことができる。
③麻痺はみられない。
③言語理解力の低下はあるが、発語がみられる。
④円背がある。
⑤下肢筋力の低下がみられる。
⑥視力は日常生活に支障はない。
⑦聴力は日常生活に支障はない。
⑧他人を認知することができる。
③咀嚼や嚥下に問題はみられない。
③便意や尿意を訴えることが難しい。
④理解力の低下がみられる。
⑧おむつを替えないと皮膚がただれやすい。

活動

⑩自力歩行は可能であるが、足取りが悪いため、支えが必要である。
⑩何かにつかまって立ち上がったり、しゃがんだりできる。
⑩ソファーやいすに座っているときの姿勢保持は可能である。
⑪衣類の着脱については、支援があれば自分で着脱可能である。
⑪靴は自力で履ける。
⑫食事はスプーンを使用することにより、自力で摂取することができる。右利き。
⑫食事形態は、主食はおかゆや雑炊のようなもの、副食は刻み食や柔らかいもののようである。
⑬普段はおむつを使用しているが、トイレ誘導すると排泄は可能。
⑭介助があれば、入浴は可能である。
⑮昼間はソファーに座っていることが多く、そこでうたた寝をすると夜間眠れなくなり、夜中に徘徊してしまう。日中に活動をすると、夜の寝つきがよくなる。
⑯昔のなごりからか、お客さんに対して接客しようとする姿が見られる。

参加

⑰妻が亡くなって、生きがいをなくしている。
⑰物事への関心・興味があまりなく、意欲がわかないようである。
⑲スーパーを経営していた頃は、接客を行うとともに、店や家族のなかで中心的存在であったと考えられる。
⑲現在は、家族関係が希薄である。
⑲家族のなかで厄介な存在とされている。

環境因子

㉑3DK の団地に 6 人で住んでいる。エレベーターがついていない可能性がある。玄関には鍵をかけている。
㉒おむつ、T字杖、バスボード、シャワーチェア、手すり、トイレ用手すりを利用している。
㉓経済状況としては、介護保険料等を次男夫婦の収入に頼っている。
㉔主介護者は次男の妻であるが、介護ストレスから倒れ、入院歴がある。他の家族による介護協力は得られにくく、家族関係は希薄になっている。
㉕介護保険サービスを利用したが、スムーズな利用に至っていない。

個人因子

㉗スーパーを経営していたこともあり、地域や縁を大切にしていた。
㉗験かつぎで五円玉を貯めていた。
㉗そろばんで凝った肩をたたく習慣があった。
㉘仕事熱心で働き者であった。
㉘風呂では大声で歌う陽気な社交家であった。
㉘子煩悩な性格で、息子や地域の子どもを可愛がっていた。
㉘頑固だけど、頼りになる大黒柱であった。
㉙3 人の息子を育て上げる。現在は長男がスーパーを継いで経営している。
㉙3 年前に妻が他界した。
㉚タバコ、酒が好きであった（特に風呂上りのビール）。
㉛基本的にソファーに座って過ごしている。

です。障害の状況（身体・知的・精神）や現在の主な疾患、服薬、既往歴、平常時のバイタルサイン、そこに当てはまらないものはその他に書き込みます。

「活動」については、ここでは家事、移動、身じたく、食事、排泄、入浴・清潔保持、睡眠、コミュニケーションの面から書き込むフォーマットになっていますので、具体的にフォーマットに書き込みます。

また、「活動」を「している活動」と「できる活動」に区別して表現する場合もあります。「している活動」というのは、現在毎日の生活で実際に行っている活動の状況です。介護は、直接的には、主にこの「している活動」に対して働きかけます。一方の「できる活動」とは、利用者本人が頑張れば、また家族などと一緒に工夫すれば可能な状況のことです。できるのにしていないということは、さまざまな条件によりしていないということもありますので、本人の意欲が無いせいにせず、さまざまな視点から「活動」について書き込みます。

「参加」については、意欲・生きがい、余暇の過ごし方、役割（家庭／社会）、その他という視点から書き込みます。

「環境因子」は、生活環境、生活に必要な用具、経済状況、家族関係、サービス（制度）の利用状況、その他という視点でみていくことになります。生活に必要な用具は、鹿雄さんが使用している介護用品等を書き出します。環境因子が生活機能にプラスの影響を与えているときは「促進因子」となり、マイナスの影響を与えているときは「阻害因子」と呼びます。現時点では、鹿雄さんにとっては、マイナスな「阻害因子」が多いことがわかります。

「個人因子」は、価値観・習慣、性格（個性）、生活歴・出身地、特技、１日の過ごし方、その他とフォーマットに書き込むことになります。鹿雄さんの性格は、さまざまな人間模様のなかから知ることができます。一見、頑固な鹿雄さんに見えますが、実は子煩悩な性格で、息子や地域の子どもを可愛がっていたり、仕事に熱心に取り組んできた非常に真面目な性格の人です。

最後に「本人の思いや気持ち」ですが、今回は、目の前で鹿雄さんに問うことはできませんが、ここでは情報を組み合わせながら、推測してみましょう。

アセスメント（情報の解釈・関連づけ・統合化）を行ってみよう

ここでは「岡田鹿雄さん（77歳・男性）」という人物について、「アセスメント表（1）」で集めた情報から分析していきたいと思います。

直接、『ヘルプマン！』の作者であるくさかさんに聞いてはいませんが、鹿雄さんのモデルはいるかもしれません。しかし、この時点で彼を連れてきて、目の前で話をし、いろいろ聞いてみることはできません。そのため、わかっている情報を基に、分析していきたいと思います。

1）情報の解釈・関連づけ・統合化を行ってみよう

「解釈」「関連づけ」「統合」とは辞書によると次のような意味となります。

解釈：物事の行為などを判断し、理解すること。またはその説明。
関連づけ：ある事柄と他の事柄との間につながりをもたせること。
統合：二つ以上のものを合わせて一つにすること。

ここでは、次のように考えます。

分類・整理した情報は、一つひとつを解釈して理解する。そして、ある情報と他の情報にどのような関係があるのかを明らかにし、関連づける。さらに関連がある情報ごとにまとめて、統合化を図る。

情報の解釈・関連づけ・統合化を行うことによって、単独で理解していた情報を別の視点から見直すことができ、次の生活課題の明確化へとつながっていきます。
「解釈」を「分析」と表現することもありますが、ここでは同じ表現として考えます。

2）利用者の全体像を先にイメージしてみよう

利用者の情報だけをみながら解釈し、そして利用者の全体像を理解していくことは、初学者にとっては難しいと思われます。ですから、利用者の全体像を理解するための視点をいくつか挙げておきます。解釈や関連づけは、次の視点からみて関連する情報を挙げ、その情報同士の関連性や情報の意味を解釈し、まとめていくのも一つのやり方です。

◎願いや要望は何か。
◎現在の生活状況、活動、参加はどのようであるか。
◎楽しみや生活の活性化につながるものは何か。
◎困っていることや、生活の妨げになっているものは何か。
◎とりまく環境（物的・人的）でよい面や気になる点はないか。

3）これまでの自分のもっている知識を活かす

　これまでに学んできた知識を活かしながら、解釈を行っていきます。たとえば、要介護1の状態像からみて……、認知症とは……など、情報のもつ意味や専門的知識を活用しながら、解釈をしてみてください。

　「ICFを活用した情報収集シート」の環境因子のなかの阻害因子を促進因子にするとともに、促進因子をより効果的なものとすることで、生活機能を向上させることができます。介護計画を立案するときには、そこに焦点をあてると非常にわかりやすいかもしれません。

4）情報の解釈・関連づけ・統合化の答えは一つではない

　情報を解釈し、関連づけて統合するときに、「絶対にこれが正しい」という答えはありません。自分はこのように考えたけれど、他者はどのように考えたかなどを聞くことが大切です。そのためにチームカンファレンスなどを活用して、柔軟に対応し、利用者の思い描く生活を実現できるように支援していくことが重要になります。

5）アセスメント表（2）の解説
──情報の解釈・関連づけ・統合化

　今回は図表3-14のように情報を解釈し、関連づけて四つに統合してみました。

　事実の全体像がみえてくるまでは、先入観や偏見などに囚われることなく、見たり聞いたりしたままの、意味づけのない情報として捉えるようにします。その上で、介護に関する知識を活用しながら情報を解釈していきます。

　一つずつ、説明していきます。

　まず、図表3-14の①についてですが、鹿雄さんはおむつを無理強いすると外し、嫌がる様子が見られています。おむつをすることに対して、大変不快に感じているのではないかと考えられます。また、鹿雄さんは要介護1です。要介護1とはどのような状態

図表 3-14 ● アセスメント表（2）──情報の解釈・関連づけ・統合化【例】

	アセスメント 項目番号	情報の解釈・関連づけ・統合化
1	①③⑧⑩⑪⑬ ㉒	鹿雄さんは、おむつを無理強いすると外し、嫌がる様子が見られ、おむつかぶれを起こすこともある。おむつをすることに対して、大変不快に感じているのではないか。また、要介護1なので、立ち上がりや歩行、移動の動作は支えがあれば可能である。普段からおむつが汚れる前に、介護者が声をかけ、トイレ用手すりを備えてあるトイレへ誘導すれば、自力で排泄することができている。これらのことから、おむつをする時間をできるだけ短くして、トイレへの誘導で排泄が可能ではないか。
2	②③④⑰⑲㉑ ㉔	鹿雄さんは次男家族と団地で6人で住んでいる。主介護者である公子さんを除くと他の家族は鹿雄さんにどのように接していいのかわからない状況で避けている部分があり、鹿雄さんは孤立している。昔は、一家の大黒柱でもあり、地域からも信頼されていた人物であったが、認知症の進行により、自分の思っていること、伝えたいことを上手く言うことができず、自暴自棄になっている可能性がある。今の暮らしの場で居場所を見つけられず、困惑していると思われる。
3	⑩⑯⑰⑱⑲㉔ ㉗㉘㉙㉚㉛	普段、公子さんと散歩をしているようであるが、頻繁に外を眺めたり、外に出ようとする様子が見られる。普段は基本的に家の中で過ごしているが、健康に生きたい、制限されることなく自由に外へ出たいという思いがあるのではないか。また、自分が経営していたスーパーも、今は息子に継いでもらっているが、その様子も気になっているのではないか。
4	③⑫⑲㉔	現在も家族で食卓を囲んでいるようだが、鹿雄さんがおかゆや刻み食を摂っていることで、周りを汚してしまうことが多い。そのため、孫たちは、一緒に食事を摂ろうとしない。嚥下には問題がないようなので、美味しく食事が摂れる環境を整えることが可能ではないか。

注：アセスメント項目番号は pp.66-80参照。

なのかということを、介護福祉職がもっている知識として統合しています。要介護1というのは、立ち上がりや歩行、移動の動作には支えがあれば可能な状態です。そして、公子さんが声をかけて、鹿雄さんのおむつが汚れる前に、トイレ用手すりを備えてあるトイレへ誘導すれば、自力で排泄することができているという現状があります。これらのことから、おむつをする時間をできるだけ短くして、トイレへの誘導で排泄が可能ではないかということが仮説として考えられないでしょうか。

　図表3-14の2についてですが、現在の鹿雄さんは、意欲もなく1日中ぼーっと過ごしているという、参加が制約されている状況ですが、もう少し家庭内の役割をもってもらえたらいいなあと思いませんか。昔は孫をとても可愛がっていた、とてもよいおじいちゃんだと公子さんも言っています。そして、スーパーの経営者でもあり、地域からも

信頼されていたようです。しかし、認知症という病気のせいで、自分の思っていることや伝えたいことが上手く言えず、自分の家ではないところで、居場所をなかなか見出すことができず、自暴自棄になっているようにみえます。

　図表 3 -14 の③についてですが、鹿雄さんは頻繁に外を眺めたり、外に出ようとする様子が見られています。1 日中、家にいるようにも見えます。これらのことから、制限されることなく、自由に外へ出てみたいと思っているのではないでしょうか。また、息子が継いだスーパーのことも気になっているのではないかということが仮説として考えられないでしょうか。

　図表 3 -14 の④についてですが、孫たちが鹿雄さんと食卓を共にしたがらない様子が見られています。原因としては、おかゆや刻み食などをスプーンで食べていることがあります。しかし、嚥下にも問題がなく、咀嚼にもあまり問題がなさそうに見えます。往々にして、介護者家族は「老人＝おかゆ」といったことを思っているかもしれません。知識として、咀嚼や嚥下に問題がないのであれば、環境を整えていけば、もっと楽しい食卓にできる可能性があるかもしれません。

　以上のように、情報を読み解きながら、情報同士をつなぎ合わせ、もっている知識を統合し、仮説を立てていくという作業になります。前述したように、この解釈は介護福祉職によって異なる可能性がありますので、【例】としておきました。カンファレンスなどを活用し、同職種、他職種とも情報を共有しながら、仮説を立てていくことも必要です。

8 アセスメント（生活課題の明確化）を行ってみよう

1）アセスメント表（2）の解説
——生活課題の明確化と生活課題の優先順位

① 生活課題の明確化

　収集した複数の情報を矛盾なく関連づけ、統合化することができれば、生活課題を明らかにすることが可能となります。生活課題は、利用者がこうなりたいと望む暮らしに近づくことができるように、包括的な視点から洗い出すことによって明らかになります。この生活課題が明確化されると、介護計画を立案するときの目標を設定しやすくなります。

　図表3-15は、先ほどの情報を解釈・関連づけ・統合化した図表3-14から生活課題を明確化したものです。

　では、①からみていきましょう。

　①によって明らかになった鹿雄さんの生活上の解決すべき課題は、鹿雄さんの生活課題であるので、鹿雄さんを主語にして表現します。そうなるとここでは、「介護者の協力が得られるなら、おむつを使わず、排泄を行いたい」と表現することができるでしょう。もしくは、生活課題となる根拠や理由を明らかにして表現する場合でしたら、本人を主語とせず、「介護者がきちんと本人に伝え、トイレ誘導を行うことができるならば、おむつを外せる可能性がある」という表現でも構いません。

　②については、「一家の大黒柱として昔のように存在を認めてほしい。家族から必要とされたい」と表現しました。参加や個人因子からの情報が中心となりますが、社会参加への阻害要因などを根拠に考えてみました。

　③については、「外出し、働いていたスーパーに行って自分の役割を再確認したい」としました。これは、鹿雄さんの個人因子を考えたときにこのような生活課題が見えてきます。鹿雄さんのこうなりたいと望む生活に一歩近づけるかもしれません。

　④については、「家族と一緒に常食を食べることができる可能性がある」としました。「家族と一緒に食事を美味しく食べたい」でもいいかもしれませんね。

② 生活課題の優先順位

　①〜④のように複数の生活課題がある場合には、第2章「8　アセスメント（生活課題の明確化）」のなかで記述したように、優先順位を決める必要があります（pp.28-29

参照）。生活課題の優先順位は、❶生命の安全性、❷生活環境の安全性、❸環境因子の未整備など、❹社会参加への阻害要因など、❺個人因子（実生活と自己実現の乖離など）が基準となります。

生活課題＃１は❷の生活環境の安全性、生活課題＃２は❸の環境因子の未整備など、生活課題＃３は❺の個人因子（実生活と自己実現の乖離など）、生活課題＃４は❸の環境因子の未整備などと考えてみました。

以上のことから、鹿雄さんの生活課題の優先順位は図表３−15のようになります。

図表３−15 ■ アセスメント表（２）──生活課題の明確化【例】

	アセスメント項目番号	情報の解釈・関連づけ・統合化
1	①③⑧⑩⑪⑬㉒	鹿雄さんは、おむつを無理強いすると外し、嫌がる様子が見られ、おむつかぶれを起こすこともある。おむつをすることに対して、大変不快に感じているのではないか。また、要介護１なので、立ち上がりや歩行、移動の動作は支えがあれば可能である。普段からおむつが汚れる前に、介護者が声をかけ、トイレ用手すりを備えてあるトイレへ誘導すれば、自力で排泄することができている。これらのことから、おむつをする時間をできるだけ短くして、トイレへの誘導で排泄が可能ではないか。
2	②③④⑰⑲㉑㉔	鹿雄さんは次男家族と団地で６人で住んでいる。主介護者である公子さんを除くと他の家族は鹿雄さんにどのように接していいのかわからない状況で避けている部分があり、鹿雄さんは孤立している。昔は、一家の大黒柱でもあり、地域からも信頼されていた人物であったが、認知症の進行により、自分の思っていること、伝えたいことを上手く言うことができず、自暴自棄になっている可能性がある。今の暮らしの場で居場所を見つけられず、困惑していると思われる。
3	⑩⑯⑰⑱⑲㉔㉗㉘㉙㉚㉛	普段、公子さんと散歩をしているようであるが、頻繁に外を眺めたり、外に出ようとする様子が見られる。普段は基本的に家の中で過ごしているが、健康に生きたい、制限されることなく自由に外へ出たいという思いがあるのではないか。また、自分が経営していたスーパーも、今は息子に継いでもらっているが、その様子も気になっているのではないか。
4	③⑫⑲㉔	現在も家族で食卓を囲んでいるようだが、鹿雄さんがおかゆや刻み食を摂っていることで、周りを汚してしまうことが多い。そのため、孫たちは、一緒に食事を摂ろうとしない。嚥下には問題がないようなので、美味しく食事が摂れる環境を整えることが可能ではないか。

生活課題	優先順位
＃１　介護者の協力が得られるなら、おむつを使わず、排泄を行いたい。（or 介護者がきちんと本人に伝え、トイレ誘導を行うことができるならば、おむつを外せる可能性がある。）	1
＃２　一家の大黒柱として昔のように存在を認めてほしい。家族から必要とされたい。	3
＃３　外出し、働いていたスーパーに行って自分の役割を再確認したい。	4
＃４　家族と一緒に常食を食べることができる可能性がある。（or 家族と一緒に食事を美味しく食べたい。）	2

鹿雄さんの個別介護計画を立案してみよう

　では、アセスメントに引き続き、鹿雄さんの介護計画を作成してみましょう。鹿雄さんは、在宅生活を営んでいる利用者なので、ここで立てる介護計画は訪問介護（ホームヘルプサービス）の訪問介護計画書となります。計画立案の考え方は、施設でも在宅でも同じですので、介護計画の立案の方法をここで学んでください。

　ここまでの介護過程の展開では、鹿雄さんの情報を解釈・関連づけ・統合化した上で、生活課題を明確化した結果、図表3-15のような結果が得られています。ここからはこのアセスメント結果に基づいて介護計画を立てていきます。

　本書では、具体的に優先順位1の生活課題＃1について、介護計画を立てます。

1）長期目標と短期目標（アウトカム）の設定

　さて、今回は生活課題＃1の「介護者の協力が得られるなら、おむつを使わず、排泄を行いたい」に対する長期目標と短期目標、いわゆる期待されるアウトカム（成果）を考えていきたいと思います。

　ここでは長期目標を「日中、介助を受けながら、トイレでの排泄ができる」ということにします。もし、それが実現するなら、鹿雄さんのおむつが外れ、彼のストレスが少しでも軽減され、それによって公子さんも少し楽になるのではないでしょうか。

　では、その長期目標を達成するための短期目標（スモールステップ）を設定してみましょう（図表3-16）。

　目標を設定する際には、まず、利用者の「いつまでに、こうなりたい」という想いを明確にします（長期目標）。長期目標は「自立への意欲」に転換したものとして、利用者が「こうあってほしい状態」を記載することになります。多くの場合、長期目標が最終ゴールになりますが、そこに行き着くまでに段階的な目標が必要となります。到達に要する時間の長さや解決に至る困難さ、見通しの度合いに応じて、一定期間に実現できることを段階的に設定していきます（短期目標）。鹿雄さん自身が取り組みの成果を実感することが意欲の向上につながるため、段階と期間を区切って長期目標と短期目標を設定します。

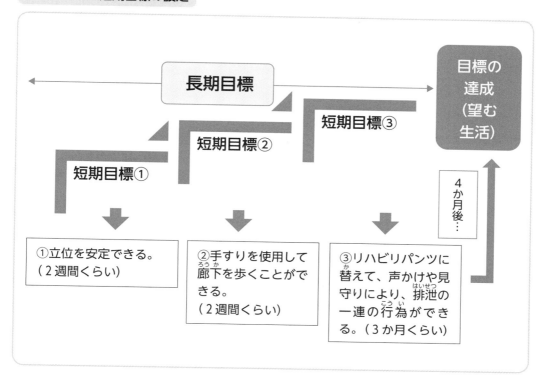

2）支援内容・支援方法の決定

　その後、具体的な支援内容・支援方法を記載します。支援方法は、手順書が別にある場合であれば簡潔に記入してもいいですが、手順書等がない場合でしたら、声かけの内容や準備する物も記入していると、誰でも誤解なく、同様の介護が提供できます。

　では、手順書を兼ねている場合の「介護計画書」を見ていきましょう（図表 3-17）。「具体的支援内容・方法」が詳細に書いてありますので、全体的に長めになっています。

　「具体的支援内容・方法」を計画するときには、これまでアセスメントしてきた内容が十分に活かされることが重要となります。ここでは「①立位を安定できる」という短期目標を達成するための支援内容・方法として、「立つ・座る」というリハビリテーション的な動きではなく、鹿雄さんの個人因子に着目して、スーパーのチラシを使って、鹿雄さんに旬の野菜を教えてもらうということを考えました。鹿雄さんに立位になってもらうため、鹿雄さんの目線より少し高めの場所に、スーパーのチラシを貼るようにします。きっと、鹿雄さんのことなので、「教えてください」とお願いすれば立ち上がってでも、スーパーに並んでいたものなら教えてくださるのではないかと考えました。

　また、「具体的支援内容・方法」の書き方としては、誰が鹿雄さんの介護を担当しても、間違いなく同様の介護が提供できるように、「何のために」「いつ」「どこで」「何を」「ど

のように」「誰が」行うのかを具体的に書きます。また、統一した声かけをすることで、利用者の混乱を避けることができる可能性もあるので、「どのように・何を話すのか」のポイントが記入されているとよいでしょう。留意事項や危険性、その予防についても具体的に示してあると、事故を未然に防ぐことにつながります。

しかし、手順書が別にある場合（具体的な支援の方法や声かけの方法が別に準備されている場合）には、図表3-18のような「介護計画書」でも構いません。

手順書とは、介護計画書と異なり、いわゆる介護を実施していく上での実施手順が記載されているものです。時間や場所、方法、声かけ・説明、注意点など具体的なやり方が書かれています。手順書があることで、見えにくいケア内容を見えるようにでき、サービスの質を確保することが可能です。利用者にとっても、「かかわる職員によってしてくれることが違う」というストレスが軽減するのではないでしょうか。

また、記載すべき情報が少なければ、あらためて手順書を作成することはせず、介護計画書に「留意点」や「手順」の欄を設けたり、具体的な支援内容・方法に直接書き込むことで十分なケースもあります。

3）介護計画書の解説

今回の「介護計画書」では、「#1　介護者の協力が得られるなら、おむつを使わず、排泄を行いたい」という生活課題に対して、長期目標は目標期間を4か月とし「日中、介助を受けながら、トイレでの排泄ができる」としてみました。

短期目標は、まず最初のステップとして、「①立位を安定できる」としてみました。「立ちましょう」「座りましょう」と立位の練習をするようなかかわり方もあるかもしれませんが、ここでは、あえて鹿雄さんの生活歴に寄り添って、鹿雄さんの意欲を引き出すようなかかわりをしてみました。鹿雄さんの性格を鑑みて、「旬のお野菜を教えてください」などと聞いてみると教えていただけそうですよね。そこで、立位のタイミングをつかんでいただけたら、次のステップに進みます。

次の短期目標は「②手すりを使用して廊下を歩くことができる」としてみました。ここでは、手すりを使って廊下を歩いてみて、そのまま散歩に行くことにしてみました。本書では掲載できませんでしたが、漫画『ヘルプマン！』第2巻を読んでいただけると、百太郎が鹿雄さんと経営していたスーパーに行くシーンがあります。そこから読み取ると、廊下を歩いて、靴を履いて出かけることが可能なようですので、歩行訓練を兼ねた外出支援を考えてみました。

短期目標の①と②がスムーズにできるようになったら、次に「③リハビリパンツに替えて、声かけや見守りにより、排泄の一連の行為ができる」という短期目標を立ててみ

ました。漫画『ヘルプマン！』第2巻のなかでも、公子さんがトイレ誘導しているシーンがありましたので、鹿雄さんが嫌がるおむつを外し、リハビリパンツに変更してみて、トイレ誘導をして排泄につなげてみるのはいかがでしょうか。そのときに、排泄記録もつけてみましょう。鹿雄さんの排泄のタイミングを計れることで、介護者が適切なタイミングでトイレ誘導し、軽い介助で、トイレでの排泄が取り戻せるケースもあります。この積み重ねにより、トイレでの自立排泄が可能になり、長期目標が達成できるかもしれません。

　将来的には上げ下ろしがしやすい紙パンツを使用して、トイレ動作の障害を少しでもなくしてあげることが大切です。そのような介護を行うことにより、今までできなかったことができるようになり、また別のことも「やってみよう」という意欲がわき、本人の自信の回復につながっていく可能性があります。

図表 3−17 ■ Sさんの介護計画書——手順書を兼ねている場合【例】

長期目標 （期間：4か月）	日中、介助を受けながら、トイレでの排泄ができる。

生活課題	短期目標		具体的支援内容・方法		頻度
	目標	期間	内容	方法	
#1　介護者の協力が得られるなら、おむつを使わず、排泄を行いたい。	①立位を安定できる。	2週	Sさんの意欲を引き出す。	1）アセスメントでは、Sさんの視力には問題がないので、いつもSさんが座っているソファーの前の壁の、目線より少し高めの場所に、スーパーのチラシを貼る。できるだけ大きく、カラーのものがよりよい。 2）ソファーに座っているSさんのそばに行き「Sさんは昔、何のお仕事をされていたのですか？」と聞いてみて、「スーパー」や「店」という回答が得られたら、「Sさん、今、旬のお野菜を教えていただきたいのですが」とチラシを指さす。	1日2回程度
			立ち上がりを支援し、立位を安	3）ソファーから立ち上がろうとされたら、手を握り、立ち上がりの支援	

生活課題	短期目標		具体的支援内容・方法		頻度
	目標	期間	内容	方法	

| | | | 定できるようにする。 | を行う。そのとき、立ち上がりにくかったら、「少しお尻を前にずらして、浅めに座って、足を引いてもらえますか」などと声をかけ、転倒がないよう配慮する。
4) 立ち上がって移動され、チラシの何かを指さされたら「今、このお野菜が旬なのですね」と共感し、当時の話に触れながら、話を聞く。このとき、立ちっぱなしだったら、手を握るか腕を支えながら、立位になるタイミングを覚えていただく。
5) これを2週間くらい続けて、Sさんに立位になる動作を覚えていただく。 | |

短期目標①を達成できたら……

生活課題	短期目標		具体的支援内容・方法		頻度
	目標	期間	内容	方法	
#1　介護者の協力が得られるなら、おむつを使わず、排泄を行いたい。	②手すりを使用して廊下を歩くことができる。	2週	手すりを使って歩くという意欲を引き出す。	1) 短期目標の①が達成できたので、次は、トイレまで歩くことを目標とし、歩行訓練のために、Sさんの好きな散歩に行くことを提案する。 2)「Sさん、お散歩に行きませんか」と言い、座位から立位になっていただき、廊下に設置されている手すりを使って、玄関まで歩いていただく。	1日1～2回
			安全な歩行を支援する。	3) 過介護にならないように、Sさんが手すりを左手で握っているときは、右の腕を支えるのではなく、右側の斜め後ろの近い位置に立つ。腕を支えることで、歩行時の重心移動	

				を妨(さまた)げる可能性(かのうせい)がある。 4）右に重心が動いたら、自分も右に、左に重心が動いたら、自分も左にと足の運(はこ)びや歩幅(ほはば)も、同じリズム、同じ間隔(かんかく)を意識(いしき)していく。Sさんの動きに合わせて、「イチ・ニ、イチ・ニ」と一緒(いっしょ)に声をかけながら動く。
			歩行訓練を兼(か)ねた散歩に同行する。	5）Sさんは自力で靴(くつ)を履(は)けるようなので、靴(くつ)を履(は)いて、杖(つえ)を左手に持っていただき、散歩中は右側の斜(なな)め後ろの近い位置に立つ。バランスを崩(くず)したときに受け止めることができる位置に立つことが大切である。 6）杖(つえ)が無くても歩ける場合は、Sさんは右利きなので、その動きを妨(さまた)げないよう、左側の斜(なな)め後ろに立つ。 7）散歩から戻(もど)ってきたら、Sさんに水分を摂(と)っていただく。できるようだったら、Sさん自身で冷蔵庫(れいぞうこ)を開け、好きな飲み物を選んでいただけるように準備(じゅんび)しておく。 8）これを2週間くらい続けて様子をみる。

短期目標②を達成できたら……

生活課題	短期目標		具体的支援内容・方法		頻度
	目標	期間	内容	方法	
#1　介護者の協力が得られるなら、おむつを使わず、排泄を行いたい。	③リハビリパンツに替えて、声かけや見守りにより、排泄の一連の行為ができる。	3か月	介護者に協力を求め、Ｓさんの意欲を引き出す。	1）短期目標の①②が達成できたので、介護者にも協力していただきながら、トイレでの排泄を支援していくことをＳさんに伝える。 2）声をかけるタイミングは介護者にも協力していただき、これまでの排泄のタイミングで成功した時間帯を事前に把握しておく。次に「トイレまで一緒に行きませんか」とＳさんに声をかける。	訪問時
			立位からトイレまで安全な歩行介助を行う。	3）「立ちましょうね」と声をかけて、Ｓさんがふらついて転倒しないように注意し、立位の介助を行う。 4）Ｓさんには左手で廊下の手すりを持っていただき、トイレまでの歩行を介助する。	
			適切な排泄介助の支援を行う。	5）トイレに着いたら、Ｓさんにトイレ用手すりを握って、立位を保っていただく。 6）その間に、ズボンを下ろしておむつを外し、おむつ内の様子を確認しながら、便座に座っていただく。 留意事項：排便がみられたら、今、排便の途中か否かを確認して座っていただく。 7）トイレの戸を少し開けて、Ｓさんが立ち上がったりしないか見守りながら、安心して排泄していただく。	

			座位介助を行う。	8）排便等が完了していたら、「Sさん、今日はトイレができましたね」と声をかける（排便がなかったら、腹部のマッサージ等を促す）。 9）「では、ズボンをはくので立ちましょう」と手すりを持っていただき、陰部をペーパー等で拭く。 10）パッドをあて、おむつをつけ、肌着のしわを伸ばしズボンを上げる。 留意事項：Sさんの排泄のタイミングがはっきりするまでおむつを使用するが、その後、日中はリハビリパンツに移行する。 11）Sさんを洗面台に誘導し、「Sさん、手を洗いましょうね」と促す。手洗いの意味がわからなかったら、手を洗う動作を一緒にやってみる。 12）「Sさん、居間に戻りましょう」と手すりを持っていただき、Sさんの足元やふらつきに注意しながら、居間のソファーまで誘導する。 13）「ここに座りましょう」と声をかけて、介助者が腰を落とし、Sさんを前かがみの姿勢にし、Sさんが前後に倒れこまないように注意して座っていただく。 留意事項：ソファーに座った後も、すぐには離れないようにする。そのまま勢いよく身体が倒れて事故につながる恐れもある。 14）Sさんの排泄記録簿に記入して、排泄のタイミングを計っていく。 15）3か月くらい行って、日中はおむつが外れ、トイレでの排泄ができるか続けて様子をみていく。

図表 3 -18 ■ S さんの介護計画書——手順書が別にある場合【例】

長期目標 (期間：4か月)	日中、介助を受けながら、トイレでの排泄ができる。

生活課題	短期目標		具体的支援内容・方法		頻度
	目標	期間	内容	方法	
#1　介護者の協力が得られるなら、おむつを使わず、排泄を行いたい。	①立位を安定できる。	2週	立ち上がりを支援し、立位を安定できるようにする。	1）いつも S さんが座っているソファーの前の壁の、目線より少し高めの場所に、スーパーのチラシを貼る。 2）ソファーに座っている S さんのそばに行き、「S さん、今、旬のお野菜を教えていただきたいのですが」とチラシを指さす。 3）ソファーから立ち上がろうとされたら、手を握り、立位の支援を行う。	1日2回程度
	②手すりを使用して廊下を歩くことができる。	2週	歩行訓練を兼ねた散歩に同行する。	1）短期目標の①が達成できたので、次は、トイレまで歩くことを目標とし、歩行訓練のために、S さんの好きな散歩に行くことを提案する。 2）「S さん、お散歩に行きませんか」と言い、座位から立位になっていただき、廊下に設置されている手すりを使って、玄関まで歩いていただく。 3）靴を履いて、杖を左手に持っていただき、散歩中、介護者は右側の斜め後ろの近い位置に立つ。	1日1～2回
	③リハビリパンツに替えて、声かけや見守	3か月	適切な排泄介助の支援を行う。	1）短期目標の①②が達成できたので、声をかけるタイミングは介護者にも協力していただき、これまでの排泄のタイミングで成功した時間帯を事前に把握しておく。	訪問時

| | | | りにより、排泄の一連の行為ができる。 | | 留意事項：Sさんの排泄のタイミングがはっきりするまでおむつを使用するが、その後、日中はリハビリパンツに移行する。

2）次に「トイレまで一緒に行きませんか」とSさんに声をかける。トイレに着いたら、Sさんにトイレ用手すりを握って、立位を保っていただく。

3）その間に、ズボンを下ろしてリハビリパンツを下ろしながら、便座に座っていただく。

留意事項：排便がみられたら、今、排便の途中か否かを確認して座っていただく。 |

10 評価

　短期目標と長期目標で設定されている期間の終了時には、評価を行います。評価の際には、目標を設定する根拠となった生活課題に沿っているのかを再確認します。また、生活課題に変化がないか、新たな生活課題が生じていないかについても確認します。

　目標が達成された場合は、現在の目標を継続することもできますし、さらなる目標を設定することもできます。たとえば鹿雄さんが、「日中、介助を受けながら、トイレで排泄ができた」場合には、「介護者の協力がなくても、おむつを使わず、排泄を行いたい」が新たな生活課題となり、「日中、介助を受けなくても、トイレで排泄ができる」が長期目標となる、というようなことです。

　目標が達成されなかった場合は、介護計画を修正していきます。

　このように、介護過程は評価して終わりということではなく、評価した後は、さらに再アセスメントを行い、次の介護過程へとつながっていきます（図表3-19）。

　この一連の流れを繰り返すことによって、介護福祉職は、介護の目的、いわゆる利用者の望む生活（生活的価値）の実現に向けて支援していくこととなります。

図表3-19 ■ 介護過程の連続的なサイクル

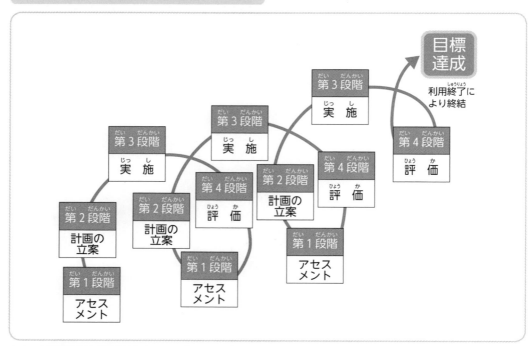

出典：介護福祉士養成講座編集委員会編『新・介護福祉士養成講座9　介護過程　第3版』中央法規出版，p.4，2015年

本書では、「介護の実施」や「評価」については、架空の事例のため、展開することができませんので、「アセスメントから個別介護計画の立案まで」を中心に説明してきました。

　実は、『ヘルプマン！』第24巻に再び、鹿雄さんと公子さんが登場します。第2巻の後、鹿雄さんがどのような人生を送ったのか、公子さんが困難をどう乗り越えたのかが描かれています。きっと、素敵な介護計画が実践されたのではないかと信じています。

　利用者さんに「生きていて良かった」と心から思っていただけるように、ワクワクする介護過程の展開を実践してみてください。

今日 初めて
おじいちゃんが笑いました

事例編（漫画）は、巻末から
お読みください。

【引用・参考文献一覧】

- 加藤直英「『介護過程』の理論的枠組みに関する基礎的研究」『目白大学短期大学部研究紀要』第 50 号、pp.43-54、2014 年
- 日本介護福祉士会編『介護福祉士基本研修テキスト』中央法規出版、2016 年
- 大川弥生『「よくする介護」を実践するための ICF の理解と活用——目標指向的介護に立って』中央法規出版、2009 年
- 森繁樹編著『事例で読み解く介護過程の展開——根拠に基づく「生活支援」を実践するために』中央法規出版、2015 年
- 大阪障害者センター・ICF を用いた個別支援計画策定プログラム開発検討会編『本人主体の「個別支援計画」ワークブック——ICF 活用のすすめ』かもがわ出版、2014 年
- 石野育子編著『最新介護福祉全書第 7 巻 介護過程』メヂカルフレンド社、2008 年
- 井上敏機『日常ケアに活かす ICF 介護実践読本——国際生活機能分類』日総研出版、2005 年
- 介護福祉士養成講座編集委員会編『最新 介護福祉士養成講座 9 介護過程』中央法規出版、2019 年
- 太田貞司・上原千寿子・白井孝子編『介護福祉士実務者研修テキスト第 3 巻 介護Ⅱ——介護過程 第 2 版』中央法規出版、2020 年
- 介護福祉教育研究会編『新版 楽しく学ぶ介護過程』時潮社、2018 年
- 榊原宏昌『居宅＆施設 ケアプラン立案の方程式』日総研出版、2014 年
- 川廷宗之・永野淳子編『アクティブラーニングで学ぶ介護過程ワークブック』みらい、2016 年
- 田中由紀子ほか『介護過程』実教出版、2015 年
- 諏訪さゆり『ICF の視点を活かしたケアプラン実践ガイド』日総研出版、2007 年
- 障害者福祉研究会編、世界保健機関『ICF 国際生活機能分類——国際障害分類改定版』中央法規出版、2002 年
- 介護福祉士養成講座編集委員会編『新・介護福祉士養成講座 9 介護過程 第 3 版』中央法規出版、2015 年
- 西村洋子『介護福祉論』誠信書房、2005 年
- 福祉士養成講座編集委員会編『新版 社会福祉士養成講座 14 介護概論 第 2 版』中央法規出版、2003 年
- 岡本千秋ほか編著『介護福祉学入門』中央法規出版、2000 年
- 一番ヶ瀬康子監、日本介護福祉学会設立準備委員会編『介護福祉学とは何か』ミネルヴァ書房、1993 年
- 仲村優一ほか編『社会福祉辞典』誠信書房、1974 年
- 仲村優一ほか編『改訂新版 現代社会福祉事典』全国社会福祉協議会、1988 年
- 右田紀久恵・小寺全世・白澤政和編著『21 世紀への架け橋——社会福祉のめざすもの第 3 巻 社会福祉援助と連携』中央法規出版、2000 年
- 黒川昭登『現代介護福祉論——ケアーワークの専門性』誠信書房、1989 年
- 介護福祉学研究会監『介護福祉学』中央法規出版、2002 年
- 大和田猛編著『ソーシャルワークとケアワーク』中央法規出版、2004 年

事例編

漫画
『ヘルプマン！』
（第2巻抜粋）

「第3章　介護過程の展開の実際」でアセスメント（情報収集）を行うにあたって、漫画『ヘルプマン！』の第2巻（第11話〜第13話）を巻末に収載しました。第3章「3　事例の概要と基本情報」（pp.52-57参照）と合わせてご覧ください。

HELP MAN!

目次

事例編は、原作利用許諾を得て、『ヘルプマン！』〈イブニングKC〉（講談社）の第2巻（第11話〜第13話）を収載したものです。

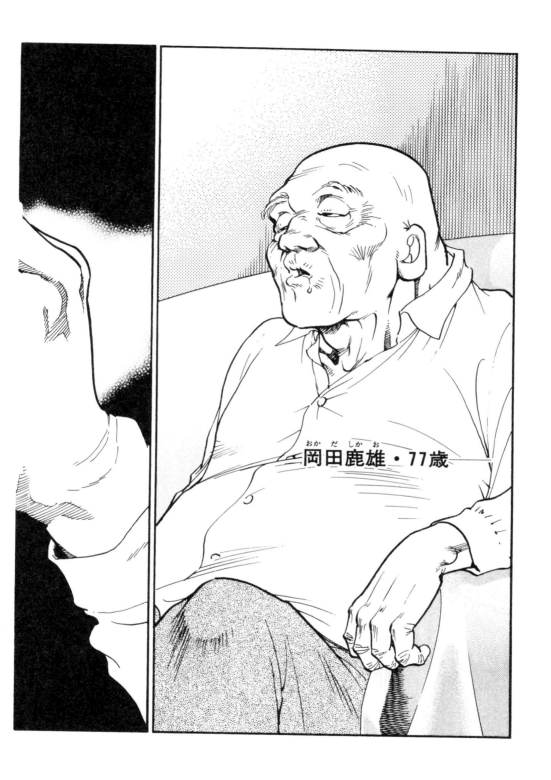

岡田鹿雄・77歳

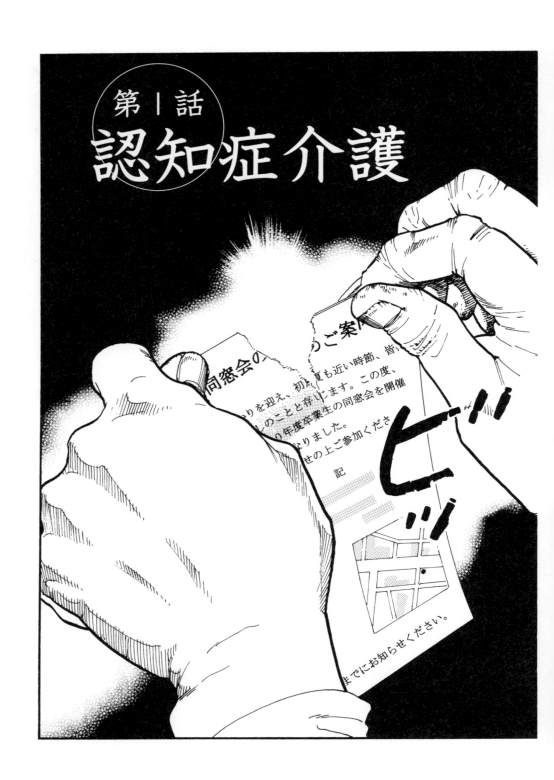

　事例編　漫画『ヘルプマン！』（第2巻抜粋）

──岡田公子・40歳──

4

事例編　漫画『ヘルプマン！』（第2巻抜粋）

お姉ちゃんの携帯に電話して部活休めないか聞いてみるから

……

いい 行ってくる

おじいちゃんて寝たきり……?

なんとか歩いてる……

でも おばあちゃんが亡くなってから急激にボケちゃって……とても一人では置いとけなくて……

おじいちゃん おしっこ出た!?

事例編 漫画『ヘルプマン！』(第2巻抜粋)

　事例編　漫画『ヘルプマン！』（第2巻抜粋）

施設に預けるわけに
いかないの？

そんな余裕
ないわよぉ！
第一　老人ホームは
100人
200人待ち
なのよ……⁉

それにね……
子供達を可愛がってくれた
おじいちゃんを　施設で
寂しく死なせたりしたら
死後　後悔してしまいそう
だから……

できる限りのことは
してあげないと……

自分を責めて
しまいそうだから

　事例編　漫画『ヘルプマン！』（第 2 巻抜粋）

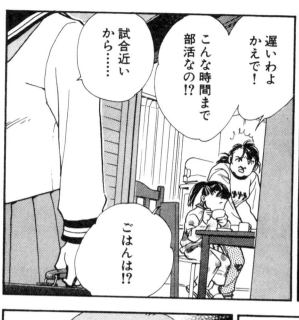

遅いわよ　かえで！

こんな時間まで部活なの!?

試合近いから……

ごはんは!?

ただいま……

いらない

さっき!?

ごちそうさま

かえで!?

かえでの
うそつき

ほんとは部活
とっくに
終わってるくせに

知ってるよ
本屋さんでヒマ
つぶしてるの

お姉ちゃんだって
塾のない日も
ウソついて出かけ
てるじゃん!!

あたしは
遊んでんじゃなくて
勉強してるの!
ファミレスの
ドリンクバーは
170円で居座れるから!

何よ!
勉強が口実なら
家から逃げるのも
オッケーっての!?

おーい おまえの好きな ドラマが始まる ぞ！

ええ 今日は何とか お昼寝しないで いてくれたから

あらあら 大変！ 見逃すとこ だった！

親父は寝たのか？

…………

いいのよ だってあなたの お父さんだもの

…………

ほんとに 感謝してる

済まないと 思ってるよ 公子……

サンキュ……

　　事例編　漫画『ヘルプマン！』（第2巻抜粋）

事例編　漫画『ヘルプマン！』（第2巻抜粋）

いっぱいいっぱいまで
辛抱しているのに 何で
あたしがカレシにフラレ
なきゃならないのよ!!

こんにちは
岡田さん

おじいちゃん
元気?

これ
いただきもの
だけど
おじいちゃんに

管理人さん!
ありがとう
ございます!

みんな いつも
言ってるのよ!
今時 あなたみたいな
いいお嫁さんは
いないって!

ほんとに
おじいちゃん
お幸せよね!

いえ
そんなこと……

ところでその
おじいちゃんの
ことだけど……

　事例編　漫画『ヘルプマン！』（第2巻抜粋）

　事例編　漫画『ヘルプマン！』（第2巻抜粋）

もしもし

……

あなた！
迎えに来て
くれない!?

おじいちゃんと
散歩中に
降られちゃって

今日 納車の仕事
抱えてんだぞ！

無理だよ！

タクシーでも
呼べよ!!

でも
近所だから
タクシー来てくれる
かどうか……

だいたい
どうして
こんな日に
散歩に出たり
したんだ!?

もしもし!?
公子!?

……？

これ以上あたしに
どうしろと……

あたしが悪いの
……？

どうしろと
言うのよ!!

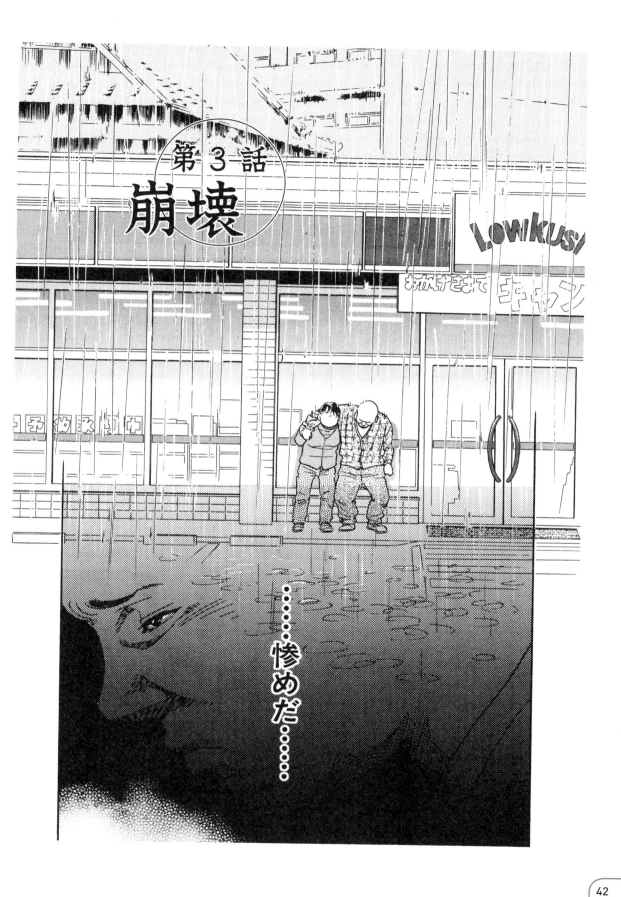

　事例編　漫画『ヘルプマン！』（第2巻抜粋）

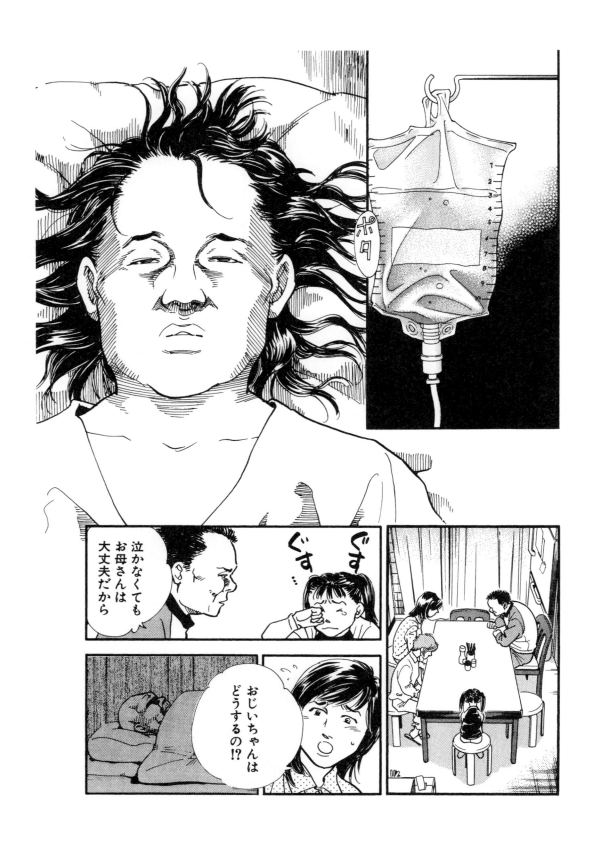

事例編　漫画『ヘルプマン！』（第 2 巻抜粋）

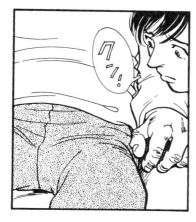

おじいちゃん
なんか臭い
……

あたし
洗濯
してくる！

うんち
してる……
おむつ
替えなきゃ……

かえで！！

やだ！！
うんち触るの
なんて
絶対ムリ！！

やらなきゃ
しょうがない
でしょ！？

事例編　漫画『ヘルプマン！』（第 2 巻抜粋）

さつき！

どうして
おむつを
はかせない!?

たったそれだけ
のことも
できないのか!?

はかせても
はかせても
脱ぐもの……

無理強（むりじ）いしたら
暴れて殴るし
かみつくし……

泣くし……

お母さん……

後始末だけで
精一杯よ……

お母さん……

おまえは この親父を
たった一人で
不平も言わず 面倒
見ていたのか……!?

公子……

先生……
岡田公子さん
お熱と吐き気が

精神的にかなり
参ってたからなあ
思ったよりかかる
かもな……

第3話おわり

『ヘルプマン！』〈イブニングKC〉（講談社)
第2巻（全編）は電子書籍版にて販売されています。